文旅资本下乡
与乡村记忆再生产

王雅丽　著

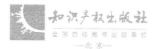

知识产权出版社
全国百佳图书出版单位
—北京—

图书在版编目（CIP）数据

文旅资本下乡与乡村记忆再生产 / 王雅丽著 . —北京：知识产权出版社，2025. 5.

ISBN 978-7-5130-9964-6

Ⅰ . G127

中国国家版本馆 CIP 数据核字第 2025HZ1959 号

内容提要

本书基于 T 村的发展实践，深描文旅资本下乡中的乡村记忆再生产过程，解读乡村记忆再生产机制，为文旅资本嵌入乡村社会的实践研究和社会记忆再生产的理论研究提供案例支撑。

本书可供社会学、人类学领域的研究者阅读。

责任编辑：高　源　　　　　　　　　责任印制：孙婷婷

文旅资本下乡与乡村记忆再生产

WEN-LÜ ZIBEN XIAXIANG YU XIANGCUN JIYI ZAISHENGCHAN

王雅丽　著

出版发行：知识产权出版社 有限责任公司	网　址：http://www. ipph. cn
电　话：010-82004826	http://www. laichushu. com
社　址：北京市海淀区气象路 50 号院	邮　编：100081
责编电话：010-82000860 转 8701	责编邮箱：laichushu@cnipr. com
发行电话：010-82000860 转 8101	发行传真：010-82000893
印　刷：北京中献拓方科技发展有限公司	经　销：新华书店、各大网上书店及相关专业书店
开　本：880mm×1230mm　1/32	印　张：6.875
版　次：2025 年 5 月第 1 版	印　次：2025 年 5 月第 1 次印刷
字　数：160 千字	定　价：68.00 元

ISBN 978-7-5130-9964-6

自　序

乡村记忆助力乡村文旅发展

　　务农重本，国之大纲。2017 年，中国共产党第十九次全国代表大会首次提出乡村振兴战略，指出农业、农村、农民问题是关系国计民生的根本性问题，要坚持农业农村优先发展，坚持农民主体地位。❶ 2022 年，党的二十大报告进一步指出要全面推进乡村振兴，坚持城乡融合发展，畅通城乡要素流动，扎实推动乡村产业、人才、文化、生态、组织振兴。❷ 在乡村振兴战略的稳步推进中，政府财政资金大规模"反哺"乡村，越来越多的外来资

❶ 习近平. 决胜全面建成小康社会 夺取新时代中国特色社会主义伟大胜利——在中国共产党第十九次全国代表大会上的报告 [EB/OL].（2017-10-27）[2023-03-10]. http://news.cnr.cn/native/gd/20171027/t20171027_524003098.shtml.

❷ 习近平. 高举中国特色社会主义伟大旗帜 为全面建设社会主义现代化国家而团结奋斗——在中国共产党第二十次全国代表大会上的报告 [EB/OL].（2022-10-25）[2022-11-01]. http://www.gov.cn/xinwen/2022-10/25/content_5721685.htm.

本进入乡村，参与土地整理、土地流转、规模农业经营及旅游业开发等，进而推动城乡融合发展，可称为"资本下乡"。❶❷《乡村振兴战略规划（2018—2022年）》明确指出，要大力发展乡村旅游业、休闲农业和特色文化产业。❸

当前，乡村文旅市场快速增长，政府政策支持力度持续加大，文旅资本下乡开发成为普遍趋势，资本下乡经营领域由原初的农村流转耕地规模农业经营，扩展到承包农村集体建设用地开发乡村文化旅游产业。❹《社会资本投资农业农村指引（2021年）》指出，要"引导社会资本发展乡村特色文化产业，推动农商文旅体融合发展，挖掘和利用农耕文化遗产资源，建设农耕主题博物馆、村史馆，传承农耕手工艺、曲艺、民俗节庆"❺。2023年，中央一号文件再次指出要"完善社会资本投资农业农村指引，加强

❶ 焦长权，周飞舟."资本下乡"与村庄的再造[J].中国社会科学，2016（01）：100-116，205-206.

❷ 何雪松，张道林.制度—利益—民情：应对资本下乡不确定性的情理结构[J].社会发展研究，2023，10（04）：24-41，238-239.

❸ 乡村振兴战略规划（2018—2022年）[EB/OL].（2018-09-26）[2023-03-10]. http://www.gov.cn/zhengce/2018-09/26/content_5325534.htm.

❹ 卢青青.资本下乡与乡村治理重构[J].华南农业大学学报（社会科学版），2019，18（05）：120-129.

❺ 农业农村部办公厅，国家乡村振兴局综合司.关于印发《社会资本投资农业农村指引（2021年）》的通知[EB/OL].（2021-04-30）[2024-03-20]. https://www.gov.cn/zhengce/zhengceku/2021-05/08/content_5605362.htm.

资本下乡引入、使用、退出的全过程监管"❶。天眼查数据显示，截至2023年12月，我国乡村文旅相关企业超过55.9万家，其中，2023年1—8月新增注册相关企业超过8.02万家，与2022年同期相比增加23.7%。❷ 良性资本下乡能够为乡村带来资金、技术与人才等生产要素，推动乡村向前发展。然而，部分研究发现，资本下乡也会面临运营失败的局面，究其原因，同质化与盲目性是其最突出的问题。事实上，无论何种类型的下乡资本，想要在乡村获得可持续发展，都需要积极嵌入乡村社会，即在实现经济目标的同时，也要顺利融入乡村社会的发展。文旅资本作为外部力量，在进入乡村时必须适应乡土逻辑，平衡好资本逐利与融入乡村之间的张力。与规模农业和工业企业相比，文旅产业具有更强的空间开放性，更加需要地方文化的支持与村民的配合，既要突出乡土特征，避免陷入"千村一面"的同质化困局，又不能不加选择地呈现乡村原本的面貌，因此文旅资本嵌入乡村的主动性更为强烈。❸ 为了更好地帮助文旅资本参与乡村振兴，需要寻找文旅资本嵌入乡村社会的有效切入点。

---

❶ 中共中央 国务院关于做好2023年全面推进乡村振兴重点工作的意见 [EB/OL].（2023-02-13）[2024-03-20]. http://www.lswz.gov.cn/html/xinwen/2023-02/13/content_273655.shtml.

❷ 乡村旅游快速发展阶段，资本"下乡"的实践探索 [EB/OL].（2023-12-06）[2024-02-20]. https://www.urbanlight.cn/newsdetail/99b437ed-89c7-04c5-0af2-71da002e15e2.

❸ 申端锋 . 文旅资本下乡中的创业嵌入 [J]. 求索，2024（01）：142-150.

在对下乡资本与乡村社会互动的研究进行回顾后，我们可以发现乡村场域存在着"地方政府、下乡资本、村民、乡村"四个行动主体。同时，学界对下乡资本如何与乡村社会实现良性互动的研究发现，主要有三种策略❶：其一，借助行政力量用制度加以约束。这种做法是将资本与村民的互动不畅归因于小农的自利性和合约的不完全性。双方签订合约后假设其中一方违约，那么被违约方出于"成本—收益"考量也会选择"沉默"❷，解决"小农户、大市场"矛盾的关键就在于改善组织形式和发展产业化经营方式。❸然而这样的制度约束也仅适用于外来劳工，当约束对象为本地劳工时常常失灵。❹其二，依靠市场力量用利益实现驱动。从市场角度来看，农业产业化既符合市场效率逻辑，也符合政府建设稳定社会的思路，因此在"增减挂钩""土地置换"的土地政策指引和"农民上楼""资本下乡"的实践中，地方政府与工商资本合谋成为级差地租的索取者。❺这会强化乡村现代农业功

---

❶ 何雪松，张道林.制度—利益—民情：应对资本下乡不确定性的情理结构 [J].社会发展研究，2023，10（04）：24-41，238-239.

❷ 周立群，曹利群.农村经济组织形态的演变与创新——山东省莱阳市农业产业化调查报告 [J].经济研究，2001（01）：69-75，83-94.

❸ 熊万胜，石梅静.企业"带动"农户的可能与限度 [J].开放时代，2011（04）：85-101.

❹ 陈航英.土客结合：资本下乡的用工机制研究 [J].社会，2021，41（04）：69-95.

❺ 周飞舟，王绍琛.农民上楼与资本下乡：城镇化的社会学研究 [J].中国社会科学，2015（01）：66-83.

能，同时使村庄从道德秩序转向利益秩序，传统村庄共同体逐渐隐退❶，日益失去话语权，村级组织最终依附于企业。❷其三，借用社会力量强化社会基础。这一路径关注乡土伦理与道德如何影响在村资本的组织和运营。❸此处的社会基础一般是指村庄组织、村庄精英、村民等系列主体之间的社会关系。❹下乡资本无法有效嵌入乡土社会，往往存在两点原因：一是资本"外来性"加上农业生产的非确定性导致资本承担较大风险；二是村庄仍然秉持着"内外有别"的乡土交往逻辑。❺因此，如果能够积极融入乡村社会，适应"内外有别"的乡土行动逻辑，那么外来资本扎根乡村的可能性就会极大增强，从而更加有效地联合乡村组织起来展开经济生产。❻

以上三种策略分别代表着资本下乡时所借助的行政力量、市

❶ 郭占锋，李轶星，张森，等.村庄市场共同体的形成与农村社区治理转型——基于陕西袁家村的考察[J].中国农村观察，2021（01）：68-84.

❷ 焦长权，周飞舟."资本下乡"与村庄的再造[J].中国社会科学，2016（01）：100-116，205-206.

❸ 何雪松，张道林.制度—利益—民情：应对资本下乡不确定性的情理结构[J].社会发展研究，2023，10（04）：24-41，238-239.

❹ 贺雪峰，仝志辉.论村庄社会关联——兼论村庄秩序的社会基础[J].中国社会科学，2002（03）：124-134，207.

❺ 付伟.农业转型的社会基础——一项对茶叶经营细节的社会学研究[J].社会，2020，40（04）：26-51.

❻ 周飞舟，何奇峰.行动伦理：论农业生产组织的社会基础[J].北京大学学报（哲学社会科学版），2021，58（06）：88-97.

场力量和社会力量，这些研究为资本与乡村互动的研究提供了有益参考，有研究者就此提出了行政—市场—社会的三维行动伦理结构框架，这在一定程度上兼顾了普通下乡资本在宏观与微观两个层面的行动逻辑，有利于推动乡村旅游共同体逐步发展。然而正如前文所述，文旅资本嵌入乡村社会的主动性和需求都更加强烈，需要在乡村社会找到更加适合、更为有效的切入点，将下乡资本与乡村社会有机联系起来。此时，涵盖着乡村社会人与自然、人与社会关系集合的乡村记忆（也称为"乡村社会记忆"）❶成为一种可能的选择，比较适宜充当文旅资本嵌入乡村社会的黏合剂。

"在人类生活的文化定向中，记忆是一种巨大的力量。"❷记忆与人们的日常生活紧密相关，人们依靠记忆来建立信任、日常交流并维持正常的生活。作为一种特定的社会记忆，乡村记忆是指乡村在形成、变迁和发展过程中，围绕着日常生产生活实践形成的集体意识与思想形态，在培育地方认同、传承传统文化、凝聚乡村活力、增强发展动力、维护乡村秩序与集聚乡村共识等方面

---

❶ 在记忆研究中，不同学者因研究偏好提出了不同的概念，如"集体记忆""文化记忆""社会记忆"等，相似的概念难以清晰地区分。为统一表述，本书选择"社会记忆"描述所谈论的乡村群体记忆，即"乡村社会记忆"。为便于讨论，本书将"乡村社会记忆"简化为"乡村记忆"。

❷ 韦尔策.社会记忆：历史、回忆、传承 [M].季斌，王立君，白锡堃，译.北京：北京大学出版社，2007：代序.

发挥重要作用。❶ 乡村记忆可以作为一种集体力量参与文旅资本下乡建设，在助力乡村社会发展的同时实现其自身的再生产。具体可表现为以下四点：其一，活化乡村记忆有助于凝聚乡村共识和社会资本，强化乡村主体之间的社会信任；其二，重构乡村记忆有利于激发乡村主体活力，重塑乡村主体的记忆特征，厚植乡村文化认同；其三，传承乡村记忆有益于塑造乡村精神家园，使村民的信任感与归属感得到寄托❷；其四，开发乡村记忆有助于把握地方特征，促进记忆由文化资本向经济资本转化，实现下乡资本的经济转化目标。然而，当前城镇化进程的快速推进，促使我国乡村的传统社会结构被逐步消解，乡村的记忆被掩藏、淡忘甚至消失。越来越多的学者关注到乡村记忆对于乡村社会的重要性。近年来，全国各地兴起的区域性乡村记忆工程，正是政府保护乡村记忆的有效实践。对乡村记忆的保护与传承有助于乡村生态、文化与社会功能的延续，也有益于文旅资本在乡村的建设与发展。

由上述研究可见，在乡村社会中，文旅资本建设与乡村记忆再生产存在着相互促进的发展逻辑，二者间的互动与合作有益于

---

❶ 曹晶晶 . 关于社会记忆资源与旅游开发的研究 [J]. 旅游纵览（下半月），2017（22）：31-32.

❷ 于波 . 以活化乡村记忆助力乡村振兴 [EB/OL].（2021-09-29）[2023-03-10]. https://www.sinoss.net/c/2021-09-29/566488.shtml.

乡村整体发展。同时，乡村记忆与乡村社会紧密相关，具有其他资源不可比拟的优势。然而，学界尚未对文旅资本与乡村记忆的互动过程提供有效的解释框架。因此，本书关注的是：文旅资本下乡后如何借由乡村记忆实现与乡村社会的融合发展？在此过程中，乡村记忆呈现出何种再生产机制？

本书选择距离合肥市区 80 千米的 T 村❶作为研究案例。T 村是合肥市周边首批吸纳文旅资本、发展文旅产业的村庄。2015 年，T 村以合肥市农村"三变"（资源变资产、资金变股金、农民变股东）试点为契机，通过村企合作成立旅游开发公司，以乡村旅游吸引周边市民下乡，同时发展农村数字电商，驱动特色农产品进城；2017 年，整体旅游项目建成对外开放，吸引周边地区游客前来游玩；2018 年，T 村被农业农村部评选为中国美丽休闲乡村，同时以 T 村旅游项目为核心申报并获批安徽省首家国家级旅游度假区；2019 年，T 村被列入第一批全国乡村旅游重点村名录，并作为第一轮全国十大典型特色小镇向全国分享推广建设经验。可以说，T 村有其自身的代表性和典型性。首先，T 村是合肥周边首批引入文旅资本发展文旅产业的村庄，资本与乡村产生了良性互动，T 村由此成为吸纳村民回流的知名旅游村。其次，T 村文旅产业发展历经土地流转、房屋拆迁与产业转型等过程，村庄生

---

❶ 基于学术规范要求，本书将涉及的人名、地名和公司名称等进行了匿名化处理。

产与生活方式发生剧变，其间乡村记忆的再生产深受下乡资本影响。最后，T 村并非少数民族村落、特色村寨或传统古村落，是更为普遍意义上的中部乡村，具有一定的普遍性和代表性。本书期望基于 T 村的发展实践，深描文旅资本下乡中的乡村记忆再生产过程，解读乡村记忆再生产机制，最终服务于文旅资本嵌入乡村社会的实践研究和社会记忆再生产的理论研究。

目　录
CONTENT

第一章 绪 论

第一节 资本下乡与乡村记忆

一、资本下乡的相关讨论

"资本下乡"始终是乡村研究中的热点话题，是指工商资本进入乡村，参与土地资源整理和流转、农业规模化经营以及乡村文旅等创业活动。[1] 鉴于我国乡村具有地理与文化的特殊性，本节主要归纳、总结国内学者对资本下乡现象所做的相关学术研究。通过对"资本下乡"相关文献的整合归纳，可以发现学界主要围绕资本下乡的影响、主体、动因、困境与发展路径等方面展开多维度的考察。

---

[1] 许悦，陈卫平．资本下乡的本地嵌入机制与效应——基于 S 生态农业公司的案例研究 [J]．学术研究，2022（06）：106-115．

（一）资本下乡的影响与利益主体

国内学者对待资本下乡的态度较为清晰。资本下乡的支持者认为，工商资本向乡村社会的资金、技术与人才转移能够帮助乡村实现农业现代化，培养农民的市场意识，提高农民生产收入。[1]资本下乡有助于聚集更多的人力、物力与财力，增加乡村组织化程度[2]，促进乡村组织良性发展。资本进入农业生产领域，必然深刻影响农业要素结构，往往会带来先进技术与设备的引进，从而在延长产业链的同时提高农业生产效率[3]，最终促进乡村剩余劳动力转移[4]。资本下乡一般采用资源输入的形式，乡村社会的生产与生活方式因此会在短期内迅速转变，并对村庄社会结构产生影响，从而在一定程度上起到推动双向城乡一体化、缩小城乡收入差距的作用。[5]李培林指出，在乡村发展时，应当正视资本的积极作用，乡村振兴需要逆城镇化，也需要资本的活力注入，资本

---

[1] 陈明星.规范资本下乡，增强农村自我发展能力 [N].中国社会科学报，2011-09-13（14）.

[2] 曾博.基于组织形态发展的工商资本下乡合作模式研究——兼论农户主体权益保障 [J].学习与探索，2018（03）：133-137.

[3] 陆文荣，卢汉龙.部门下乡、资本下乡与农户再合作——基于村社自主性的视角 [J].中国农村观察，2013（02）：44-56，94-95.

[4] 文龙.范式冲突、农业生产模式转型与资本下乡之争 [J].理论导刊，2013（11）：13-17.

[5] 厉以宁.缩小城乡收入差距促进社会安定和谐 [J].北京大学学报（哲学社会科学版），2013，50（01）：7-10.

在下乡时就应当做好监督、规范和规划。❶

值得注意的是，资本下乡也存在着潜在风险，必须警惕资本的逐利性侵蚀国家目标和农民利益的可能性❷；资本下乡也可能带来村落共同体的消解，使乡村治理陷入困境。

（二）资本下乡的动因与实践困境

资本下乡是内外因共同推动，当地政府、下乡资本、村集体与农户协同作用的结果。外因主要是当地政策的引导和支持。有学者指出，农业是我国获得最多优惠政策的产业，下乡资本在项目审批、建设用地保障、财政补贴与税收等方面所享受的优惠政策是其他产业无法企及的❸，近十年来连续出台的强农惠农政策极大地改善了乡村营商环境，降低了生产风险❹，各级政府对农业扶持补贴力度增强，这对资本的入场具有强烈吸引力。从内因来看，主要在于两个方面：一是资本的逐利本性促使资本进入乡村，农业现代化与规模化经营后，其生产效率与生产利润飞速提

---

❶ 李培林. 乡村振兴与社会治理值得关注的五个课题 [J]. 社会治理, 2018（07）：10-12.

❷ 冯小. 新型农业经营主体培育与农业治理转型——基于皖南平镇农业经营制度变迁的分析 [J]. 中国农村观察, 2015（02）：23-32.

❸ 吕军书, 张鹏. 关于工商企业进入农业领域需要探求的几个问题 [J]. 农业经济, 2014（03）：65-67.

❹ 李中. 工商资本进入现代农业应注意的几个问题 [J]. 农业展望, 2013, 9（11）：35-37.

升，对资本产生了吸引力[1]，同时优质农产品价格的持续上涨和市场的良好预期也强化了资本的下乡动机[2]。二是巨大的外部资本存量需要寻求投资出路，在资金充裕又缺乏投资热点的市场环境下，下乡经营农业具有强大的发展潜力。[3]

对于资本下乡实践困境的剖析，学界主要从两种路径出发[4]：第一种路径是从宏观视角切入，指出在优惠政策的推行和土地资源红利吸引下，当地政府为了获得收益和发展经济，与下乡资本联合，一定程度上有利于政策推动资本下乡，但结果不一定令人满意。[5]第二种路径是从微观视角切入，在考察下乡资本的经营活动以及它们与村庄社会的交往后，发现工商资本的市场逻辑与乡村社会的乡土逻辑不适配，继而出现互动不畅、资本投资不良的困境。农业生产的特殊性[6]和农村社会的"内外

[1] 吕亚荣，王春超．工商业资本进入农业与农村的土地流转问题研究 [J]．华中师范大学学报（人文社会科学版），2012，51（04）：62-68.

[2] 倪国华，郑风田．粮食安全背景下的生态安全与食品安全 [J]．中国农村观察，2012（04）：52-58，94.

[3] 石霞，芦千文．工商资本下乡要扬长避短 [N]．农民日报，2013-07-13.

[4] 于恒，汪和建．集体产权、关系治理与过度嵌入——文旅资本下乡的实践与困境 [J]．河北学刊，2022，42（02）：151-158.

[5] 安永军．政权"悬浮"、小农经营体系解体与资本下乡——兼论资本下乡对村庄治理的影响 [J]．南京农业大学学报（社会科学版），2018，18（01）：33-40，161.

[6] 陈靖．进入与退出："资本下乡"为何逃离种植环节——基于皖北黄村的考察 [J]．华中农业大学学报（社会科学版），2013（02）：31-37.

有别"传统伦理是下乡资本陷入困境的两个重要原因。❶❷ 如果不能及时有效地进行制度革新，那么下乡资本必然会被排挤出乡村之外，导致投资失败。由此可见，尽管资本下乡在某些区域取得了良好的成效，但仍然面临着诸多困境，其中最根本的问题就是资本的"外来性"与"非人格化"无法匹配乡土社会的文化逻辑，即资本市场逻辑与村庄的乡土逻辑存在张力。对此，部分学者认为下乡资本应当按照政府发展优先的行政逻辑，由政府与资本的互惠结构对资本加以运作❸；另有部分学者认为下乡资本需要遵循社会逻辑，由行政统合市场和行政统合社会资源替代原有的"市场—社会"关系，形成"官场—市场—社会"的发展新模式。❹

（三）资本下乡融入乡村社会的发展路径

由于农业生产及农村经营行为与乡村社会紧密相连，是基于

---

❶ 陈义媛.资本下乡的社会困境与化解策略——资本对村庄社会资源的动员 [J].中国农村经济，2019（08）：128-144.

❷ 徐宗阳.机手与麦客——一个公司型农场机械化的社会学研究 [J].社会学研究，2021，36（02）：92-114，227-228.

❸ 刘蓝予，周黎安.县域特色产业崛起中的"官场＋市场"互动——以洛川苹果产业为例 [J].公共管理学报，2020，17（02）：116-127，173.

❹ 赵晓峰.从合约治理到行政统合——资本下乡过程中治理策略转换的案例研究 [J].社会学评论，2022，10（04）：222-239.

村庄社会资本的重复生产，因此资本在下乡时最重要的是融入乡村社会，从而打好支撑其发展的社会基础。

在既有研究中，嵌入性理论成为分析资本主体与乡村社会实现良性互动最常见的视角。学界在资本下乡嵌入乡村社会方面已有了较为深入的探讨，主要论述下乡资本嵌入乡村社会的必要性及具体的嵌入策略。例如，陈靖提出尽管下乡资本容易被乡土社会排斥，但可以通过结交"中介""担保人"等角色，继而通过他们的熟人社会关系纽带，以及人情、面子等乡村资源，构成与乡土社会的链条。[1] 熊凤水等认为，资本植根乡村需要历经组织嵌入、利益嵌入与关系嵌入三种机制，要克服直线单向的嵌入路径，转向双向互嵌的融合机制，要实现融合性发展，即利益融合、关系融合和组织融合。[2] 还有学者指出资本能够通过文化嵌入、结构嵌入与关系嵌入等方式在村庄获取资源与归属感[3]，或是经由认知嵌入、组织嵌入与关系嵌入等方式获取村庄支持。[4]

---

[1] 陈靖. 新型农业经营主体如何"嵌入"乡土社会——关联营造的视角 [J]. 西北农林科技大学学报（社会科学版），2018，18（05）：18-24.

[2] 熊凤水，刘锟妹. 从嵌入到融合：资本下乡植根乡村社会的路径研究 [J]. 社会科学研究，2023（03）：115-123.

[3] 许悦，陈卫平. 资本下乡的本地嵌入机制与效应——基于 S 生态农业公司的案例研究 [J]. 学术研究，2022（06）：106-115.

[4] 蒋永甫，应优优. 外部资本的嵌入性发展：资本下乡的个案分析 [J]. 贵州社会科学，2015（02）：143-149.

二、社会记忆及其再生产

（一）国外社会记忆研究的演变

记忆（memory）是人类社会生活的基础，人类的一切活动都以个体记忆功能的实现为前提。对个体而言，记忆可以使我们超越动物本能获得对外界的心理表征；对人类社会而言，记忆能够超越时空限制传递经验，为人类形成统一的认知模式提供文化与心理基础，为人类社会保存文明。[1] 从本质上来说，记忆是指信息编码、存储与提取的心理过程，是人脑对过去经验的心理反应形式，表现为人对感知过、体验过、想象过的东西的识记、保持和再现。记忆的完整过程包括识记、保持、遗忘与再现。涉及记忆与遗忘的用语，常带有隐喻的色彩，如蜡板[2]、书写板、折痕、迷宫、鸟舍等。[3] 法国哲学家亨利·伯格森（Henri Bergson）在其著作《物质与记忆》中指出，记忆是一种内在的力量，有自己的规律，蕴含着特定的文化内容。[4] 法国哲学家保罗·利科（Paul Ricoeur）认为，记忆是个体身份在时间中的延伸，每个人所拥有的记忆都是独特的，无法在个体之间互换，它是个体身处

---

[1] 周振华，魏屹东.记忆的认知哲学探究——基于巴特莱特"图式"的分析 [J].人文杂志，2015（03）：17-21.

[2] 柏拉图.泰阿泰德 [M].詹文杰，译.北京：商务印书馆，2015.

[3] 德拉埃斯马.记忆的隐喻——心灵的观念史 [M].广州：花城出版社，2009：5.

[4] 伯格森.物质与记忆 [M].姚晶晶，译.北京：北京时代华文书局，2018.

现在而对过去的联系，保证了人在时间中的连续性。同时，记忆的另一面——遗忘，也不应被看作病理形式与障碍。❶

20世纪20—30年代，当记忆研究由心理学、精神科学甚至哲学转向社会学时，集体记忆与社会记忆研究就开始了。1925年，莫里斯·哈布瓦赫（Maurice Halbwachs）指出"集体记忆"（collective memory）是指特定社会群体中全体成员共享过往的过程和结果❷，个人的记忆受社会框架决定，一切记忆的形成都会受到社会的润色、削适与完善。❸ "集体记忆在本质上是立足现在而对过去的一种重构"❹，记忆既是个人的，也是集体的，但个体对于记忆的获取并非自发自觉的，而是要在特定群体之间，在社会环境的刺激之下才能获得唤起与激活。所有对于个人回忆的讨论都必须考虑到家庭、社区、宗教、政治组织、社会阶层、民族认同所留下的具有社会意义的烙印。此外，集体记忆也具有二重性，它既是一种物理客体，诸如一尊雕像、一座纪念碑、空间中的一个地点，又是一种象征符号或某种具有精神含义的东西，某种附着于并被强加于这种物理现实之上的为该群体所共享的东

---

❶ 利科.记忆，历史，遗忘 [M]. 李彦岑，陈颖，译.上海：华东师范大学出版社，2018：28.

❷ HALBWACHS M. On Collective Memory [M]. Chicago and London：The University of Chicago Press，1992：71.

❸ 哈布瓦赫.论集体记忆 [M]. 郭金华，毕然，译.上海：上海人民出版社，2002：224.

❹ 哈布瓦赫.论集体记忆 [M]. 郭金华，毕然，译.上海：上海人民出版社，2002：59.

西。❶"现在中心观""社会决定论"成为哈布瓦赫对集体记忆研究的重要贡献。哈布瓦赫深受涂尔干及法国年鉴学派第一代学者的影响，与历史学家马克·布洛赫（Marc Bloch）和精神病学家布隆代尔（Blondel）就"集体记忆"的理论与经验导向有着深刻的交流。

与哈布瓦赫同时代的德国艺术历史学家阿比·瓦尔堡（Aby Warburg），对记忆的社会维度展开了思考，他关注象征符号在时间与空间之中的运动、迁移与旅行，建立起了符号与记忆之间的关联。❷美国社会学家杰弗瑞·奥利克（Jeffrey K. Olick）在《集体记忆的两种文化》中认为，记忆研究一直存在着两条相互竞争的线索：一是个体取向，将集体记忆视为社会架构的个体记忆的集合，他称之为"集合记忆"（collected memory）；二是集体取向，聚焦自成一格的集体现象，更多关注群体层面的符号、仪式，以及其他超越个体存在的社会和历史要素，也即我们通常所说的"集体记忆"（collective memory）。❸❹奥利克指出，对个体

❶ 哈布瓦赫.论集体记忆 [M].郭金华，毕然，译.上海：上海人民出版社，2002：335.

❷ 钱力成，张翮翾.社会记忆研究：西方脉络、中国图景与方法实践 [J].社会学研究，2015，30（06）：215-237.

❸ OLICK J K. Collective Memory：The Two Cultures [J]. Sociological Theory，1999，17（3）：333-348.

❹ 李红涛，杨蕊馨.把个人带回来：数字媒介、社会实践与记忆研究的想象力 [J].新闻与写作，2022（02）：5-15.

取向与集体取向之间的张力描述可以追溯到哈布瓦赫，后者强调只有个体才能记忆，同时又明确指出人们总是在社会中回忆、认识和定位自己的记忆，但必须认识到个体与集体之间并非二元对立、相互割裂的状态，不同的记忆主体与社会结构是彼此相关、相互形塑的，记忆研究应该在个体取向与集体取向之间谋求多维度的对话和融合。由于"集体记忆"一词的滥觞❶，奥利克提出用"社会记忆"（social memory）表述记忆的社会性。美国学者保罗·康纳顿（Paul Connerton）在《社会如何记忆》中指出社会记忆是群体行为，他将社会记忆分为"个人记忆""认知记忆""习惯记忆"三种类型，揭示社会记忆得以传播和保存的途径包括仪式展演（commemorative ceremonies）与身体刻写（bodily practies）两种，"有关过去的形象和有关过去的回忆性知识，是在（或多或少是仪式的）操演中传送和保持的"❷。

进入 20 世纪 80 年代后，受到多元文化主义、社会政治变迁、后现代思潮影响，尤其是大批民族国家转向过去以寻求政权合法性的历史背景下，西方记忆研究进入"记忆潮"（memory boom）时期。这是西方社会记忆研究发展历程的第二阶段，主要分为德国学派与法国学派。德国学派以扬·阿斯曼（Jan Assmann）和阿

❶ BERLINER H. The Abuses of Memory: Reflections on the Memory Boom in Anthropology [J]. 2005（78）: 197-211.

❷ 康纳顿. 社会如何记忆 [M]. 纳日碧力戈, 译. 上海: 上海人民出版社, 2000: 4.

莱达·阿斯曼（Aleida Assmann）的"文化记忆"为代表，法国学派则以皮埃尔·诺拉（Pierre Nora）的"记忆之场"、保罗·利科的"记忆工作"和莫里斯·哈布瓦赫的"记忆框架"为代表。❶阿斯曼夫妇认为记忆的产生除了需要与他人和社会进行互动外，还必须有文化基础，从而提出了"文化记忆"（cultural memory）概念，即记忆是"对过去社会的、建构式的理解"。他探究了回忆、认同、文化的延续三者之间的想象关联，并根据时间跨度与意涵区分了交往记忆（communication memory）与文化记忆。交往记忆是指存在于日常沟通领域中的短时记忆并通过群体中的代际传播得以存续，具有有限的时间跨度，一般为三四代；文化记忆是指超越于日常生活范畴与个体生命周期的长时记忆，包括久远的文化传统、集体舞蹈与信息。❷此外，阿莱达·阿斯曼强调文字、图像、身体、地点等要素都能够成为记忆的媒介。❸然而，记忆研究越是轰轰烈烈，就越凸显出记忆的危机所在。美国学者安德烈·胡伊森（Andreas Huyssen）在《昏暗的记忆》（*Twilight Memories*）中指出后现代记忆状态的特征是矛盾性，博物馆与纪念碑的持续普及，指向的就是历史意识的减损，人们对记忆的痴

---

❶ 张俊华. 社会记忆和全球交流 [M]. 北京：中国社会科学出版社，2010：28.

❷ 阿斯曼. 文化记忆 [M]. 金寿福，黄晓晨，译. 北京：北京大学出版社，2015：44.

❸ 阿斯曼. 回忆空间：文化记忆的形式和变迁 [M]. 潘璐，译. 北京：北京大学出版社，2016：163-343.

迷正是对加速的记忆技术的反映。❶法国历史学家皮埃尔·诺拉也关注到这一悖论:"我们如此热衷地谈论记忆,因为记忆所剩无几。"❷记忆的消失是因为我们失去了与过去的有机联系,这一过程是剧烈和不可逆的,具有清晰的政治性。诺拉基于法国历史的发展进程,将法国社会记忆空间编撰成为《记忆之场》,此书从民族国家的角度展示了记忆与历史、记忆与承载人群从统一到分化的过程,即从"记忆的环境"到"记忆之场"的变迁。❸记忆之场不仅指物质性的纪念场所,更泛指承载着象征意义的历史现实。而后,随着"二战"亲历者的逐渐老去,对"二战"的反思也开始兴盛,战争记忆与大屠杀记忆等反思性记忆从而形成,苏联解体、东欧剧变也催生了一批国家创伤记忆。同一时期,有关声誉记忆,即关注个人或其他声誉承载者在不同社会历史背景下的声誉塑造与变迁的记忆研究也热烈展开。

21世纪,高速发展的互联网技术拓展了记忆研究的领域,全球社会步入后现代信息社会,记忆研究进入了第三阶段——"当代记忆史"研究。传统记忆研究常常将集体或共享记忆概念化为

❶ HUYSSEN A. Twilight Memories: Marking Time in a Culture of Amnesia [M]. NewYork: Routledge, 1994.

❷ 钱力成, 张翮翔. 社会记忆研究: 西方脉络、中国图景与方法实践[J]. 社会学研究, 2015, 30 (06): 215-237.

❸ 张俊华. 社会记忆研究的发展趋势之探讨 [J]. 北京大学学报(哲学社会科学版), 2014, 51 (05): 130-141.

某一具体的国家或其中的种族与亚群体，然而有太多的记忆现象并非以地域、种族或国家等默认范畴作为框架。人们当前所拥有的绝非单向维度的记忆，而是包含着形形色色社会关系的多层记忆（multiplicity of memories）。❶ 近十年，越来越多的研究者认识到记忆是多层次、多向和可移动的，涌现出如阿斯特莉特·埃尔的"旅行记忆"（travelling memory）与"跨文化记忆"（transcultural memory）❷、丹尼尔·莱维（Daniel Levy）和纳坦·施茨纳德（Natan Sznaider）的"世界性记忆"（global memory）❸、玛丽安·赫希（Marianne Hirsch）的"后记忆"（postmemory）❹、迈克尔·罗斯伯格（Michael Rothberg）的"多向记忆"（multi-directional memory）❺、安德鲁·霍斯金斯（Andrew Hoskins）的"闪光灯记忆"（flashbulb memories）❻、安娜·雷丁（Anna Reading）的

---

❶ OLICK J K. The Politics of Regret on Collective Memory and Historical Responsibility [M]. New York：Routledge，2007.

❷ 埃尔. 旅行的记忆 [J]. 广州大学学报（社会科学版），2021，20（02）：26-35.

❸ LEVY D，SZNAIDER N. The Holocaust and Memory in the Global Age [M]. Philadelphia：Temple University Press，2006.

❹ HIRSCH M. The Generation of Postmemory：Writing and Visual Culture After the Holocaust [M]. Columbia：Columbia University Press，2012.

❺ ROTHBERG M. Multidirectional Memory：Remembering the Holocaust in the Age of Decolonization [M]. Stanford，CA：Stanford University Press，2009.

❻ HOSKINS A. Flashbulb Memories，Psychology and Media Studies：Fertile Ground for Interdisciplinarity? [J]. Memory Studies，2009，2（2）：147-150.

13

"全球记忆场域"（globital memory field）❶、何塞·范·迪克（José van Dijck）的"中介化记忆"（mediated memories）❷等多种研究类型，甚至出现打破集体记忆地理限制与自然联系的非亲历记忆研究，即艾莉森·兰兹伯格（Alison Landsberg）的"假肢记忆"（prosthetic memory）❸。除此之外，当代记忆研究议题还包括马各利特的记忆伦理问题❹、记忆遗忘权利问题❺、记忆主体走向人工智能等问题，社会记忆研究正逐步深化。

（二）国内关于社会记忆的研究

20 世纪 80 年代，国外记忆研究热潮兴起，关于社会记忆的理论开始传入我国。经历了 40 余年的发展，以集体记忆、社会记忆、文化记忆、国族记忆、交流记忆、媒介记忆等理论概念为主体的研究层出不穷。虽然记忆研究如此火热，但有研究者提出："尽管有多个学科和不同背景的学术研究领域做了大量的

---

❶ READING A. Memory and Digital Media: Six Dynamics of the Globital Memory Field [M]// NEIGER M, MEYERS O, ZANDBERG E. Media Memory: Palgrave Macmillan Memory Studies. London: Palgrave Macmillan, 2011: 241-252.

❷ DIJCK J V. Mediated Memories in the Digital Age [M]. California: Stanford University Press, 2007.

❸ 陶东风，吕鹤颖. 论大众文化时代的"假肢记忆"[J]. 现代传播（中国传媒大学学报），2022，44（09）：89-96.

❹ MARGALI A. The Ethics of Memory [M]. Cambrige: Harvard University Press, 2002.

❺ 舍恩伯格. 删除：大数据取舍之道 [M]. 袁杰，译. 杭州：浙江人民出版社，2013.

工作，社会记忆研究仍然是一个缺乏固定范式的、没有中心的、跨学科的事业。"❶ 对此，学者钱力成认为记忆研究不是概念游戏与"故事会"，记忆研究的价值在于意义（meaning）和时间性（temporality）。意义不仅指涉前文提及的话语、符号、象征与叙述内容，还涉及更深层次的人们对世界的理解。无论是个体记忆还是集体记忆，其核心都是对历史变迁过程的理解与阐释，即韦伯意义上的"理解"与涂尔干意义上的"集体意识"。而且，记忆研究往往是在回应这个时代最为关切的历史问题，即奥利克所言的记忆研究对现代性本身的回应。❷

总体而言，国内对于记忆的讨论存在三种代表性视角，分别是"国家权力视角""历史变迁视角""社会群体视角"，相应的研究特征就是国家在场、制度变迁和底层立场。❸ 第一，国家权力视角强调国家权力对社会记忆的控制和形塑，国内的记忆研究以对特定政治事件、政治时期、政治群体的讨论为主，这是国内记忆研究最广泛的研究取向。需要注意的是，国家权力也不是万能的，它也会受到记忆主体及社会环境复杂性的影响。第二，历史变迁

❶ 奥利克，罗宾斯，周云水. 社会记忆研究：从"集体记忆"到记忆实践的历史社会学 [J]. 思想战线，2011，37（03）：9-16.

❷ 钱力成. 记忆研究的未来：文化和历史社会学的联结 [J]. 南京社会科学，2020（03）：137-142.

❸ 钱力成，张翾翾. 社会记忆研究：西方脉络、中国图景与方法实践 [J]. 社会学研究，2015，30（06）：215-237，246.

视角着重强调记忆随着社会制度和时代背景的变迁而延续、改造和重构的过程，主要体现在历史学研究中。历史人物形象变迁是这一视角中的主要研究取向，如近代民族英雄记忆[1]与孙中山形象的建构研究[2]。第三，社会群体视角着重关注特定社会群体的认同记忆、"无记忆"，甚至是逆行于主流记忆的"反记忆"。这里的群体包含不同阶层，可以依据文化、家族、民族、性别、代际、特定经历进行划分，如周晓虹对洛阳工业基地和贵州"三线建设"建设者的研究[3]、对改革开放以来的社会学家叙事[4]及乡村教师口述史的研究；孙立平等组织的"20 世纪下半期中国农村社会生活口述资料收集与研究"；郭于华对土地集体化时期陕北骥村农业合作化的女性记忆的研究[5]；纳日碧力戈对族群记忆的研究[6]等。

基于以上三种视角，国内记忆研究呈现出鲜明的国家在场特

[1] 郭辉，胡丞嗣．"忠义"与"夷夏"：近代中国民族英雄记忆建构中的两种话语 [J]．安徽史学，2020（04）：93-101.

[2] 张运君，韩新怡．符号与民族记忆：抗日战争时期中国历史教科书中的孙中山形象构建 [J]．出版科学，2022，30（05）：123-128.

[3] 周晓虹．口述史、集体记忆与新中国的工业化叙事——以洛阳工业基地和贵州"三线建设"企业为例 [J]．学习与探索，2020（07）：17-25.

[4] 周晓虹．重建中国社会学：40 位社会学家口述实录（1979—2019）[M]．北京：商务印书馆，2021.

[5] 郭于华．心灵的集体化：陕北骥村农业合作化的女性记忆 [J]．中国社会科学，2003（04）：79-92.

[6] 纳日碧力戈．各烟屯蓝靛瑶的信仰仪式、社会记忆和学者反思 [J]．思想战线，2000（02）：60-64.

点，无论记忆的承载者是个人还是群体，国家始终是存在于他们的生活世界中的，国家权力影响着记忆的塑造。❶❷ 大批学者持有类似观点，认为是权力的控制导致了社会的记忆或遗忘。❸ 景军在其著作《神堂记忆：一个中国乡村的历史、权力与道德》中考察了记忆是如何通过以大川孔庙为中心的活动被表述和传达的，同时也印证着国家权力如何左右人们的遗忘与选择性追忆。❹ 与此同时，中国的记忆研究学者还有着强烈的底层立场和社会关怀，郭于华❺、刘亚秋❻、李猛、方慧容❼等人的研究都强调了为底层发声的学术立场与社会责任。郭于华基于"人不应是工具，而应是目的"的原则，"贯通个体记忆与社会记忆、底层表述与宏大历史过程之间的关系"❽。

---

❶ 杨田.社会记忆与权力的互动关系 [J].甘肃社会科学，2017（03）：250-255.

❷ 郭永平.身体实践与仪式展演：集体化时代大寨妇女的社会记忆 [J].西北民族研究，2015（03）：184-193.

❸ 刘亚秋.口述、记忆与主体性：社会学的人文转向 [M].北京：社会科学文献出版社，2021.

❹ 景军.神堂记忆：一个中国乡村的历史、权力与道德 [M].吴飞，译.福州：福建教育出版社，2013.

❺ 郭于华.作为历史见证的"受苦人"的讲述 [J].社会学研究，2008（01）：53-67.

❻ 刘亚秋."青春无悔"：一个社会记忆的建构过程 [J].社会学研究，2003（02）：65-74.

❼ 方慧容."无事件境"与生活世界中的"真实"——西村农民土地改革时期社会生活的记忆 [M]//杨念群.空间·记忆·社会转型.上海：上海人民出版社，2001.

❽ 郭于华.倾听底层：我们如何讲述苦难 [M].桂林：广西师范大学出版社，2011：154.

基于在大多数时刻被忽视的个体记忆视角，刘亚秋提出了"记忆的微光"的概念，认为集体记忆研究思路下的个体记忆表述对于个体的主动性关注不足。她认为，在社会结构框架中不能被归入主流话语体系的记忆事件可以称为"记忆的微光"。❶心理学、历史学与新闻传播学科也对个体记忆—集体记忆之间的关系进行了探讨。❷李红涛等在"记忆的微光"与"中介化记忆"基础上主张"把个人带回来"，将个体视为积极的行动者。❸多层面、多学科的探索极大丰富了国内的社会记忆研究，既对社会记忆现象作了归纳与解释，也为记忆理论的拓展提供了研究实例。

对社会记忆建构的讨论存在三种传统观点：第一种是"过去中心观"，即认为现在是由过去塑造和决定的。这种观点认为，即使在现代社会的剧烈转型中，传统依然存在并不断影响着当下。❹第二种是"现在中心观"，即认为记忆是基于当前的需求而对过去的重构。巴里·施瓦茨（Barry Schwartz）在此基础上提出第三种观点，他强调过去并非仅仅根据现在的情境和需要凭空建

---

❶ 刘亚秋.记忆的微光的社会学分析——兼评阿莱达·阿斯曼的文化记忆理论 [J].社会发展研究，2017，4（04）：1-27.

❷ 王东美.个人—集体：社会记忆的心理学视域 [J].天津社会科学，2020（05）：157-160.

❸ 李红涛，杨蕊馨.把个人带回来：数字媒介、社会实践与记忆研究的想象力 [J].新闻与写作，2022（02）：5-15.

❹ 希尔斯.论传统 [M].傅铿，吕乐，译.上海：上海人民出版社，2014.

构的，现在的社会情境也是对过去所发生的历史的挑拣。❶ 对于过往的追忆，不能只当作机械的信息搜索，而是一种带有主观性的建构过程。所以记忆从本质上来说，就是利用过去的内容服务当下的需要。❷ 社会记忆既具有累积性，也具有选择性。❸ 研究者在对抗日战争记忆的探讨中发现记忆的建构主体包含国家权力、政党势力、官方机构、社会团体及民众个人，而建构方式有物化空间、纪念活动与历史书写。❹

任何记忆都无法脱离载体或媒介而存在。根据既有研究，社会记忆的媒介或载体可被概括为以下四类。第一，具有认同和整合功能的政治节日与庆典，相关研究如陈蕴茜对"总理纪念周""奉安大典"等孙中山纪念符号的解读❺❻，赵世瑜和杜正贞对"太阳生日"和"大榆树"故事的考察❼❽。第二，具有叙事和想象

---

❶ 钱力成. 作为记忆的声誉——美国声誉社会学作品概览及启示 [J]. 中国图书评论，2017（08）：62-66.

❷ SCHWARTZ B. The Social Context of Commemtation: A Study in Collective Memory [J]. Social Forces，1982，61（2）：374-402.

❸ 哈布瓦赫. 论集体记忆 [M]. 郭金华，毕然，译. 上海：上海人民出版社，2002：353.

❹ 郭辉. 抗战记忆的建构及其价值 [J]. 兰州学刊，2020（02）：5-16.

❺ 陈蕴茜. 时间、仪式维度中的"总理纪念周"[J]. 开放时代，2005（04）：63-81.

❻ 陈蕴茜. 国家典礼、民间仪式与社会记忆——全国奉安纪念与孙中山符号的建构 [J]. 南京社会科学，2009（08）：88-95.

❼ 赵世瑜，杜正贞. 太阳生日：东南沿海地区对崇祯之死的历史记忆 [J]. 北京师范大学学报（社会科学版），1999（06）：10-19.

❽ 赵世瑜. 说不尽的大槐树 [M]. 北京：北京师范大学出版社，2018.

功能的各种"记忆地点"，包括废墟、历史遗迹、博物馆等，相关研究如郑杭生对华北侯村的社会记忆的探究❶，景军围绕甘肃大川村孔庙记忆的研究❷，孙江对圆明园和岳飞庙等"记忆之场"及南京大屠杀事件的研究❸，房静静对传统古村落"雄崖所"空间变迁与记忆建构的探究❹。第三，具有解释功能的历史编纂学、档案和口述史等，相关研究如冯思淇从理论、历史、实践和价值四个维度对古田会议决议的讨论❺，周晓虹对不同群体口述史的记忆分析❻，纳日碧力戈对"作为操演的"非文本口述的研究❼，刘亚秋以文学为记忆田野的研究❽，陶东风与吕鹤颖等人对小说文本隐含

❶ 郑杭生，张亚鹏.社会记忆与乡村的再发现——华北侯村的调查 [J].社会学评论，2015，3（01）：16-23.

❷ 景军.神堂记忆：一个中国乡村的历史、权力与道德 [M].吴飞，译.福州：福建教育出版社，2013.

❸ 孙江.皮埃尔·诺拉及其"记忆之场" [J].学海，2015（03）：65-72.

❹ 房静静.中国传统村落的记忆隐喻及嬗变 [J].湖南社会科学，2020（04）：165-172.

❺ 冯思淇."古田会议决议"记忆之场建构的四个维度 [J].理论月刊，2020（09）：154-160.

❻ 周晓虹.口述历史与集体记忆的社会建构 [J].天津社会科学，2020（04）：137-146.

❼ 纳日碧力戈.作为操演的民间口述和作为行动的社会记忆 [J].广西民族学院学报（哲学社会科学版），2003（03）：6-9.

❽ 刘亚秋.将文学作为"田野"的可能——以记忆研究为例 [J].社会学评论，2018，6（02）：80-96.

的记忆的研究❶❷等。第四，具有平反和整合功能的惩罚、特赦与赔偿。❸ 如今，在数字化时代背景下，互联网或数字媒介也成为社会记忆的重要媒介。这些媒介重构了人们的时空观念，使大众进入集体记忆的生产队列，从而改变了记忆的形态与建构机制。❹但同时，互联网的"创造性破坏"对伦理规范与社会记忆也具有强大解构作用❺，因此社交媒体平台与网络用户必须积极运用新技术，迎接记忆建构传承所遇到的机遇和挑战，以推动社会记忆智能化发展。❻

社会记忆是一种精神力量，具有强大的社会功能，主要体现在：第一，社会记忆可以帮助人们建立社会认同❼，对记忆的分享与传承能帮助群体形成内部的归属感和价值观，如塑造国

---

❶ 陶东风.关于当代中国社会灾难书写的几个问题——以梁晓声的知青小说为例[J].当代文坛，2013（05）：38-44.

❷ 吕鹤颖.新时期儿童视角小说的归罪隐喻[J].关东学刊，2017（02）：117-124.

❸ OLICK J K. The Politics of Regret：On Collective Memory and Historical Responsibility [M]. New York：Routledge，2007.

❹ 胡百精.互联网与集体记忆构建[J].中国高校社会科学，2014（03）：98-106.

❺ 刘亚秋.技术发展与社会伦理：互联网对文化记忆的建构[J].福建论坛（人文社会科学版），2020（08）：74-82.

❻ 英谢，丁华东.社交媒体对社会记忆建构传承的影响与思考[J].山西档案，2021（1）：14-20.

❼ 艾娟，汪新建.集体记忆：研究群体认同的新路径[J].新疆社会科学，2011（02）：121-126，148.

家认同❶、文化认同❷、族群认同❸，或是用来稀释认同。社会记忆能够"合法化"，即政治统治者可以借助对历史记忆的重新解释与再度叙事来增强自身政权统治的合理性和合法性。同时，也存在通过非官方层面塑造不同的记忆来稀释国家认同的可能；桑塔格甚至认为"集体记忆不过是意识形态的别名而已"❹。社会记忆还具有"辨别功能"，能够依据群体共享知识的差异来区分内群体和外群体❺，从而建立一个群体或民族的身份。第二，社会记忆可以促进文化传承，通过各种媒介与载体，将历史、传说等文化元素保存并代代传播，帮助文化实现延续、创新与多样性发展。❻第三，社会记忆可以影响社会行为，通过对过去的回顾和反思，引导人们对于未来的态度和选择，激发人们的情感和动机。❼第四，社会记忆有助于保持历史的客观与公正，

---

❶ 刘燕. 国族认同的力量：论大众传媒对集体记忆的重构 [J]. 华东师范大学学报（哲学社会科学版），2009，41（06）：77-81.

❷ 舒开智. 传统节日、集体记忆与文化认同 [J]. 天府新论，2008（02）：124-127.

❸ 王明珂. 历史事实、历史记忆与历史心性 [J]. 历史研究，2001（05）：136-147，191.

❹ 阿莱达·阿斯曼，教佳怡. 历史与记忆之间的转换 [J]. 学术交流，2017（01）：16-25.

❺ 胡晓红. 社会记忆中的新生代农民工自我身份认同困境——以 S 村若干新生代农民工为例 [J]. 中国青年研究，2008（09）：42-46.

❻ 赵爱霞，左路平. 论文化记忆及其意识形态功能 [J]. 思想教育研究，2022（02）：80-86.

❼ 胡洁. 基础、生成与建构：从社会记忆到社会认同 [J]. 天津社会科学，2020（05）：151-156.

增强记忆的代际传递，在一定程度上可以避免对历史的歪曲与遗忘。❶

（三）社会记忆再生产的探讨

社会记忆再生产（social memory reproduction），常常是指对社会记忆作出的一系列施加影响的行为、过程与结果。社会记忆作为一种极具特色的社会现象，是回溯过去的重要心理形式，更是一种储存机制。记忆的复现与再生并非自然而然发生的，也会伴随着遗忘与更新，尤其是一些隐匿的记忆需要当下的某些条件引导才能得以显现。这些条件包括以下三个方面：一是个体的生命经验，包括亲历的事实及间接体验等。记忆的内容十分关键，但同时作为感觉经验的情感、情绪也常常可以作为唤醒记忆的特定符号。二是物象留存的刺激，如陈年的物件、旧的画作、老相片等内容。这些具有物质形态的实体，是"物象"，一方面牵引着记忆的向度，另一方面也在巩固和强化着记忆本身。三是文字语言，包括书写刻印与口述传闻。文字所激发的往往是想象性记忆，个体在文字的引导之下构建的是动态的想象情景。❷ 由此可见，记忆的复现是需要条件的，也正是记忆的不断复现使人们能

---

❶ 张爱凤. 原创文化类节目对中国"文化记忆"的媒介重构与价值传播 [J]. 现代传播（中国传媒大学学报），2017，39（05）：85-90.

❷ 赵静蓉. 文化记忆与身份认同 [M]. 北京：生活·读书·新知三联书店，2015：138.

够从不断发展的社会生活中汲取并积累生活经验，并将其应用于下一阶段的生产生活中，从而推动社会的进步与发展。因此，社会记忆再生产维系了社会发展的连续性和人类社会的完整性，是极为普遍而又极其重要的一种社会现象，值得学界加以探究与阐释。

国外对于社会记忆再生产的研究主要从记忆行为与记忆内容两个维度展开，前者多论及社会记忆再生产的方式与路径，后者主要涉及社会记忆再生产的对象和结果，二者相互联系，故而本书统一论述。事实上，记忆研究的先驱者早已认识到社会记忆的再生产属性。哈布瓦赫认为个体在对过去回忆时，可以再生产出新的意识并对此给出合理的解释。[1]意大利历史哲学家乔瓦尼·巴蒂斯塔·维柯（Giovanni Battista Vico）认为记忆不仅具有复制的能力，还具有有效生产的能力。[2]记忆既是对历史的回顾与书写，也是对知识的更新与延续。[3]巴西学者乔斯·毛里西奥·多明格斯（Jose Mauricio Domingues）在讨论社会记忆再生产与社会再生产的关联时，强调社会记忆再生产的深层驱动力和机制，可能会改变社会生活再生产和转型的路

---

[1] 哈布瓦赫.论集体记忆[M].郭金华，毕然，译.上海：上海人民出版社，2002：286.

[2] 阿斯曼.回忆空间：文化记忆的形式和变迁[M].潘璐，译.北京：北京大学出版社，2016：24.

[3] 赵静蓉.文化记忆与身份认同[M].北京：生活·读书·新知三联书店，2015：56.

径。❶美国人文地理学家蒂姆·克雷斯韦尔（Tim Cresswell）则在其著作中强调了地方记忆对于社会记忆再生产的意义，认为社会记忆是一种特殊能力，能够使过去进入当下，并推进着社会记忆的生产与更新。❷美国人类学家艾伦·菲尔德曼（Allen Feldman）探讨了暴力与记忆的关系及其产生的政治合法性和权威性变化，认为侵略、报复、反击等暴力和惩罚行为已经成为生产或再生产占主导地位的社会记忆的实质性策略。❸

此外，记忆再生产往往与认同再生产、权力再生产、空间再生产等过程联系在一起。相关研究如库库（Cucu）与法杰（Faje）基于记忆政治、社区认同和场所构建关系的多个维度展开的对大屠杀记忆再生产的探讨❹，以及巴里·施瓦茨在对林肯形象变迁的探讨中指出的人们对林肯记忆的再生产过程。❺事实

---

❶ DOMINGUES J M. Critical Theory and Political Modernity [M]. Cham：Palgrave Macmillan，2019：117.

❷ 克雷斯韦尔. 地方：记忆、想象与认同 [M]. 徐苔玲，王志弘，译. 台北：群学出版有限公司，2006.

❸ FELDMAN A. Political Terror and the Technologies of Memory：Excuse，Sacrifice，Commodification，and Actuarial Moralities [J]. Radical History Review，2003（85）：58-73.

❹ CUCU A-S，FAJE F. Remembering Death，Remembering Life：Two Social Memory Sites Budapest [J]. Sociologia，2009，54（1）：123-142.

❺ SCHWARTZ B. Memory as a Cultural System：Abraham Lincoln in World War Ⅱ [J]. American Sociological Review，1996，61（5）：908-927.

25

上，正是通过对不同时段记忆的反复再现，社会记忆的连续性和群体身份的认同感才能被不断延续。❶ 此外，空间与记忆的关联也十分突出，记忆的具象化离不开空间，空间本身也蕴含丰富的记忆，因而空间生产与记忆再生产的关联成为研究者的关注重点，相关研究如皮埃尔·诺拉的《记忆之场》、哈布瓦赫的《福音书中圣地的传奇地形学》、阿莱达·阿斯曼的《回忆空间》等著作。

国内对此展开的研究较为丰富，多数研究者会结合特定记忆类型，如国家记忆、红色记忆、历史记忆、档案记忆、文化记忆等，对社会记忆再生产的过程进行考察。学者普遍认为社会记忆再生产指记忆生产过程的重复与更新，是人们为了满足某一目标对社会记忆施加的有目的、有计划的影响的行为、过程和结果，是"社会记忆传承、建构和控制的过程"❷。这一过程往往通过梳理、编译、改造等各种加工方式赋予社会记忆以价值和意义。❸社会记忆再生产广泛存在于人类社会之中，与人们的生产生活相关联，有关社会记忆的唤起、重构、更新、遗忘、开发、传承等行为都可以被纳入社会记忆再生产范畴。研究者们从总体特征、

---

❶ 哈布瓦赫. 论集体记忆 [M]. 郭金华，毕然，译. 上海：上海人民出版社，2002：286.

❷ 丁华东. 档案与社会记忆研究 [M]. 北京：人民出版社，2016：320.

❸ 谷佳媚，程含笑. 社会记忆的再生产向度：历史虚无主义的消解 [J]. 思想教育研究，2021（10）：99-105.

生产路径、影响因素、发展趋向等不同侧重点对社会记忆再生产展开了讨论。

第一，从总体特征视角考察社会记忆再生产，研究者发现社会记忆再生产具有反复性、加工性、系统性、时代性、实践性等多重特征。一是反复性。社会记忆再生产是不断重复发生的，但这种反复不是机械地叠加与重复，而是人们有目的地施加影响的生产，是对历史信息进行反复编码、调用和唤起的过程。同时，社会记忆再生产也是一种普遍的社会现象。二是加工性。不同于物质再生产，社会记忆再生产不具备"初级产品"的生成性。如果把最初始的记忆视为初级产品，那么之后对于社会记忆的传播、更新与延续就可以视作是对初级产品的升级、加工与复活，具有"再"生产的特征。❶三是系统性。社会记忆是包含着主体、客体与中介等多要素，以及文化、政治、生活等多领域在内相互作用、相互依存的复杂系统结构，因此其再生产的过程也是多要素、多领域的系统过程，绝非对某个单一记忆对象的再生产，也不追求标准化，而是包含着不同特色记忆的系统记忆体系。四是时代性。社会记忆的再生产并非直白地等同于怀旧和回顾历史，不是对过去的简单重复，而是对过去进行总结反思以实现社会的引导性进步。为了不断适应流动发展的新社会情境，社会记忆在

---

❶ 丁华东. 论现代传媒与社会记忆再生产 [J]. 学术界，2015（09）：93-100.

其再生产过程中会不断融入新的记忆内容，并通过新的载体对既往的社会记忆进行符合时代需求和大众需求的改造加工。五是实践性。就本质而言，社会记忆再生产是社会记忆的生产和刻写过程，具有记忆的本质属性，即实践性。人们在实践中生成记忆、内化记忆、应用记忆，察觉记忆的不足与遗漏，并为后续的记忆再生产提供指引和动力。

第二，从生产路径视角考察社会记忆再生产。传统研究多从过程角度阐释记忆生成过程和建构机制，如"存储、调取、传达"，"唤起、重构、固化、刻写"❶，或是"传承、建构和控制的过程"。朱蓉基于心理学视角将"记忆活化要素"分为体化要素、场景要素与符号要素❷，社会科学研究者则认为社会记忆再生产的基本要素可被理解为"主体—中介—客体"结构，其基本生产过程应包括"生成、加工、展演、消费"四个环节，在生产对象上可解析为"形式再生产、内容再生产、意义再生产"。❸保罗·康纳顿指出，记忆生产与传承的重要方式与手段就是纪念仪式与身体实践，其中身体实践可分为体化实践与刻写实践两种类型。

---

❶ 张凤阳.政治哲学关键词 [M].南京：江苏人民出版社，2008：373.

❷ 朱蓉.城市记忆与城市形态——从心理学、社会学视角探讨城市历史文化的延续 [D].南京：东南大学，2007.

❸ 丁华东.论社会记忆再生产的基本结构 [J].思想战线，2019，45（02）：121-128.

　　第三，从影响因素视角集中讨论社会记忆再生产，研究者发现权力、空间、生产方式、生活方式、传播媒介、资本、科技等要素都对社会记忆再生产存在着不同程度的影响。其一，权力能够通过话语体系与规训仪式影响记忆的生产与再生产。保罗·康纳顿认为，无论是记忆的生成还是传播，事实上都是"权力控制"的过程。❶ 段春晖在对民国时期"孙中山记忆"再生产的探讨中指出了权力通过规训仪式实现对身体与心理的记忆刻写。❷ 王海洲认为，政治权力在对记忆再生产的控制中重新塑造了社会与个体❸，权力再生产与政治记忆再生产是密切联系着的。❹ 张宏邦也在研究中指出了政治遗忘作用于社会记忆的再生产流程，并参与记忆框架的塑造。❺ 其二，记忆植根于特定的空间，受空间的影响，同时也反作用于空间。其三，社会记忆的建构会受到生产方式与生活方式的影响，一个社会记忆什么、遗忘什么、如何记忆，反映着该社会的主流生产与生活特征。其四，记忆天然具

❶ 康纳顿. 社会如何记忆 [M]. 纳日碧力戈，译. 上海：上海人民出版社，2000.

❷ 段春晖. 民国时期孙中山社会记忆的生产路径分析 [J]. 理论观察，2007（05）：53-54.

❸ 王海洲. 合法性的争夺：政治记忆的多重刻写 [M]. 南京：江苏人民出版社，2008.

❹ 王海洲. 政治仪式中的权力再生产：政治记忆的双重刻写 [J]. 江海学刊，2012（04）：186-190.

❺ 张宏邦. 政治学视野中的社会记忆 [J]. 西安交通大学学报（社会科学版），2017（6）：105-112.

有媒介属性，媒介不仅是记忆承载与保存的物质载体，是"社会记忆的最直接、最典型的形式"❶，而且拉长了记忆的时间轴，扩展了记忆的空间边界。"记忆的历史也被认为是媒介的历史。"❷人们想要将脑海中的想法与心理表征向外陈述，就需要借助于一些外部的媒介工具，如语言、器物、动作、文字、图像、影音等。廖英认为，人类社会的发展离不开社会记忆的再生产，并据此探究了报纸作为媒介对记忆再生产的影响。❸换言之，社会记忆的传承依赖于媒介的存在，技术层次的媒介不仅关系到记忆采取何种传播载体，也影响着人们记忆与看待社会的方式。梁银湘从传播学的角度剖析了新媒体的存在对于红色记忆再生产所造成的解构和反刻写影响❹；邵潇涵则指出智能传播是国家记忆再生产的重要方式，在提高国家记忆传播信度、提升国家记忆批判力度和丰富国家记忆情感温度的同时，也潜藏着算法偏向、信息茧房与流量思维的负向挑战。❺尤其是在 21 世纪，人类进入数字时代，数

---

❶ 孙德忠. 社会记忆论 [M]. 武汉：湖北人民出版社，2006：131.

❷ 埃尔，冯亚琳. 文化记忆理论读本 [M]. 余传玲，译. 北京：北京大学出版社，2012：230.

❸ 廖英. 论报纸的社会记忆再生产 [J]. 新闻研究导刊，2016，7（14）：206-207.

❹ 梁银湘. 新传媒与建政记忆再生产研究——公民媒介学视野下的考察 [J]. 新闻战线，2015（13）：116-117.

❺ 邵潇涵. 国家记忆再生产：智能传播场域研究的新视角 [J]. 理论导刊，2023（11）：41-48.

字媒介技术的不断发展使社会记忆数字化成为必然趋势。媒介形态的演变深刻影响着集体记忆的建构，以短视频为代表的融合媒介引发了集体记忆的变革，对集体记忆建构的权力分配和生产消费机制产生了深刻影响❶，数字媒介在给人们带来便捷的同时，也引发了包含记忆危机在内的潜在问题，必须加以关注。

第四，从发展趋向探究社会记忆再生产，研究者发现社会记忆再生产呈现政治化、影像化、产业化、数字化的趋势。其一，大量学者关注到记忆与权力、社会控制的关系，记忆再生产出现了政治化趋势，如谷佳媚等将记忆再生产与意识形态建设链接，强调要加强党政部门对社会记忆再生产的引导和参与，维护党政部门对社会记忆的整合权与诠释权。❷其二，社会记忆再生产过程中对媒介的使用是累积性的，人们在使用新媒介的同时，也在使用传统媒介。换言之，现代传媒的快速发展对社会记忆再生产产生了多方面的影响。一是促使社会记忆再生产的表现形式与传播渠道走向多元；二是从技术层面促使社会记忆再生产开始向影像化方向转变；三是传播媒介在促使社会记忆再生产实现强化与扩大某些记忆的同时，也成为部分记忆再生产过程中制造"真

---

❶ 夏德元，刘博."流动的现代性"与"液态的记忆"——短视频在新时代集体记忆建构中的特殊作用 [J]. 当代传播，2020（05）：38-42.

❷ 谷佳媚，程含笑.社会记忆的再生产向度：历史虚无主义的消解[J].思想教育研究，2021（10）：99-105.

实"的工具。其三，数字网络技术的进步是现代传媒的一场重大变革，数字网络技术所具备的强大的传输功能和多媒体影像合成技术，促使社会记忆再生产走向数字化。同时，随着 VR 与 AR 等科学技术的发展，人们甚至可以通过仿真性媒介感知世界，形成"假肢记忆"。

三、乡村记忆及其再生产

（一）乡村记忆的结构要素

乡村记忆作为发生在乡村社区的特定记忆类型，是国内外记忆研究的热点议题。由于国内乡村具有地理与文化的特殊性，本书在此部分主要总结、归纳国内学者对乡村记忆所进行的学术研究。

记忆不是架空的回忆，需要扎根在地方情境之中。我国传统乡村历史悠久，文化底蕴深厚，地理学、民俗学、档案学、传播学、社会学等学科都积极对"乡村记忆"（rural memory）展开了研究。乡村记忆是指村庄在形成、变迁和发展过程中，在长期生产生活中形成的集体意识与思想形态，具有文化规约、价值引导、社会规范和塑造认同等功能，通过民俗节庆、生产生活工具、方言故事、建筑遗迹等载体呈现、维系与保存。根据记忆结构要素的不同，既有关于乡村记忆的研究主要从谁来记忆、记忆什么、如何记忆、记忆传承、记忆功能五个方面展开。

第一，是对谁来记忆乡村，即乡村记忆主体的研究。乡村记忆作为社会记忆的特定类型，是被不同尺度和来源的记忆主体塑造形成的，是乡村记忆主体、记忆客体和记忆中介在一定的时空范围内作用而成的结果。❶ 在社会学家眼里，乡村记忆是乡村社会生产与生活的全部，是乡村历史、文化、传统和变迁的总和。就本质而言，记忆是不同主体行动与互动的结果，是社会建构的过程，对记忆的探究应结合具体的社会情境，也依赖于对话语和符号的诠释。随着乡村社会流动性的增强，乡村居住群体类型日益多元，在此可将乡村记忆的主体分为以下四类：一是生活在村庄中的村民，包括离开农业和农村的村民、离开农业但仍留在村庄的村民、离开农村落户城镇的村民以及在城市长大但不忘祖辈与故乡的子辈；二是在不同时期短暂停留或长期居住在村庄中的外来者，如下乡知青、外迁者或游客；三是专注于对传统村落或特色村寨进行观察与研究，共同拥有普遍意义上乡村记忆的群体，包括民俗学者、社会学者与文化工作者等；四是各级政府或档案部门等相关部门的工作人员。❷ 近年来，政府也参与到乡

---

❶ 宋玉，黄剑锋 . 国内外乡村记忆地理研究进展与展望 [J]. 世界地理研究，2019，28（06）：166-177.

❷ 汪芳，孙瑞敏 . 传统村落的集体记忆研究——对纪录片《记住乡愁》进行内容分析为例 [J]. 地理研究，2015，34（12）：2368-2380.

村记忆的保护与传承中，如档案与文化部门等，通过组织"乡村记忆工程""乡村博物馆"等项目扎实推进乡村记忆的保护工作。例如，洪泽文、徐拥军以浙江省慈溪市乡村记忆工程为例，指出乡村记忆建构需要多部门协作，并存在三种建构主体模式：档案部门主导、文物部门主导、非遗部门主导。❶

第二，是对记忆什么，即乡村记忆的客体及形态等内容的研究。郑杭生等认为，乡村记忆是乡村社会系统所形塑的"集体意识"。❷丁华东基于档案学视角认为，乡村记忆是指村庄与村民通过种种媒介所保存下来的被村民群体共享的回忆性知识体系，依据存在形态不同可以划分为以下几类。一是口头传承记忆，如乡村神话、乡村谚语、乡村往事、方言等；二是体化实践记忆，指以仪式和身体动作为存在形式的记忆，如生产劳作方式、宗教民俗等；三是文献记载记忆，如村史、方志、家谱、族规、信札等；四是器物遗迹记忆，在多数情况下以乡村建筑、自然生态、物质产品等为存在形式，如祠堂、古宅、古庙、生产农具等。❸宋玉等从地理学视角出发，认为乡村记忆可分为四种形态："以口头

❶ 洪泽文，徐拥军.乡村记忆工程建设的问题与对策——以浙江省慈溪市乡村记忆工程为例 [J].浙江档案，2017（11）：13-17.

❷ 郑杭生，张亚鹏.社会记忆与乡村的再发现——华北侯村的调查 [J].社会学评论，2015，3（01）：16-23.

❸ 丁华东.讲好乡村故事——论乡村档案记忆资源开发的定位与方向 [J].档案学通讯，2016（05）：53-58.

语言为主要媒介的记忆传承与扩散，以人类行为为主要载体的记忆展演，以文本记载为主要基础的记忆刻写，以景观建筑为主要符号的记忆承载。"❶鲁可荣则将乡村记忆分为乡村公共空间记忆、乡村物质性记忆和乡村精神性记忆。❷民俗节庆仪式、生产生活器物、乡村历史故事、族谱方志文书、村落公共空间、建筑宗祠等都是乡村记忆的载体。

第三，是对如何记忆，即乡村记忆建构过程的研究。乡村记忆的建构是由主体、客体与载体共同完成的，三者缺一不可。从本质上而言，乡村记忆是通过一系列凝聚和保存记忆的载体和象征符号来建构的，这些符号既蕴含在如口述传说、方言故事等非实体内容中，也包含在族谱方志、村庄文书等文字材料里，甚至包含在乡村建筑、生产工具等实物载体中。因此，乡村记忆的建构过程就是叙事化与符号化的过程。陈春声、陈树良以广东东凤村为例，运用当地口述传说、族谱方志等文献，在对当地乡村故事解析中再现了乡村的历史变迁过程，重构了当地历史记忆。❸庄曦、何修豪以安徽歙县峤山村祭簿为分析对象，揭示了乡民如何遮蔽消解某些史实、强化荣耀与伤痛的过程，并透过"祖先群

---

❶ 宋玉，黄剑锋.国内外乡村记忆地理研究进展与展望 [J]. 世界地理研究，2019，28（06）：166-177.

❷ 鲁可荣.乡村集体记忆重构与价值传承 [J]. 民俗研究，2021（03）：62-70.

❸ 陈春声，陈树良.乡村故事与社区历史的建构——以东凤村陈氏为例兼论传统乡村社会的"历史记忆" [J]. 历史研究，2003（05）：115-126.

体—书写者或藏簿人—子孙群体"的传播结构建构"追忆的乡村史"这一特殊乡民记忆。❶洪泽文、徐拥军以浙江省慈溪市乡村记忆工程为例，指出乡村记忆建构需要多部门协作，记忆的建构方式包括乡村记忆档案化、乡村记忆叙事化、乡村记忆数字化三条路径。此外，宋玉、黄剑锋在对 1990—2017 年国内外有关乡村记忆的文献分析中发现国外研究多采取中宏观视角，"关注地方的在地属性"，重视乡村的空间性感知和记忆管理；国内学者更多采用微观视角，在文学与档案领域探讨较多，关注乡愁主题。同时，宋玉还强调："乡村记忆作为一种地方性表达，在理性语境中与全球互动融合的同时也逐渐消解，急需进行保护与传承。"❷

第四，是对记忆传承，即乡村记忆的保护、传承与开发的研究。既有研究往往基于档案学视角展开，如丁华东认为乡村记忆的开发可以被视为"社会记忆的生产和消费行为"，对乡村历史文化记忆的"（选择）提取、加工、叙述和展示"，既能够满足人们对于传统乡村社会乡愁的追寻，也有利于研究者思考记忆的建构、传承与再造。根据开发的层次与深度，可以将乡村记忆开发

---

❶ 庄曦，何修豪. 徽州祭簿的媒介叙事与乡民记忆建构研究 [J]. 现代传播（中国传媒大学学报），2020，42（03）：24-28.

❷ 宋玉，黄剑锋. 国内外乡村记忆地理研究进展与展望 [J]. 世界地理研究，2019，28（06）：166-177.

分为以下三种类型：一是记忆资源开发，包括对乡村记忆资源的搜寻、提取和资料收集工作；二是记忆资源描述开发，包含对记忆事项基础信息的整理、分析、考察和解释，意在把握记忆事象的基本构成；三是记忆资源生产开发，是在记忆资源发掘开发和记忆资源描述开发的基础之上，把记忆和人们的生产活动和日常生活进行结合，最终形成一种物质性产品，如传统村落的旅游开发，或将记忆开发与档案文创产品相互联结，产生经济与社会效益。❶ 其中，乡村记忆的展演是乡村记忆传承、建构的内生机制，乡村档案开发也呈现了开发主体社会化、开发内容叙事化、开发方式融合化与开发成果影像化等四个方面的发展趋向。❷ 陈燕萍认为，要着力抓好农村传统历史文化资源与现有档案资源的结合，从现实层面出发，通过乡村记忆馆展览、文册宣传、文明村评选等方式打造乡村记忆特色品牌。❸ 楚艳娜主张乡村记忆保护要从政策制定统一化、实施标准科学化、参与主体多元化、保护形式特色化四个方面展开。❹

第五，是对记忆功能的讨论。乡村记忆是乡村社会共同体的精神来源，是乡村价值的集中体现，在培育地方认同、传承传统

❶ 陈伟斌.乡村振兴背景下乡村记忆档案开发研究 [J].档案天地，2019（01）：29-31.

❷ 张燕，丁华东.乡村记忆展演：乡村档案资源开发的新视角 [J].档案学通讯，2016（03）：4-8.

❸ 陈燕萍.乡村档案记忆建构路径 [J].浙江档案，2013（02）：61.

❹ 楚艳娜.乡村记忆理论和实践研究述评 [J].浙江档案，2016（11）：17-20.

文化、凝聚乡村活力、增强发展动力、维护乡村秩序与集聚乡村共识等方面发挥着重要作用。❶ 具体而言，主要表现为以下三点：其一，活化乡村记忆有助于凝聚乡村社会资本，强化乡村社会成员之间的社会信任；其二，保护乡村记忆有利于激发乡村主体活力，重塑乡村主体的记忆特征，厚植乡村文化认同；其三，传承乡村记忆有益于塑造乡村精神家园，使村民的信任感与归属感得到寄托。❷ 想要重构乡村社会，就要明晰社会记忆是寓于集体记忆之中，"给予群体生活叙事、仪式操演、身份话语一定的社会认可"，应以此来重建乡村，维护乡村秩序，助力乡村振兴。

研究者认识到乡村记忆对于激发乡村发展动力的重要性，即任何社会秩序下的参与者都必须拥有一个共同的记忆。乡村记忆为乡村秩序重建提供了重要的资源。对于"乡村社会如何可能"的回答是，村民通过乡村记忆共享知识经验与行为规范，并通过乡村制度来实现乡村秩序的更新和生产。❸ 通过对乡村记忆的学习和传承，乡土社会的过去得以重构，乡村获得了绵延不绝的动力。康纳顿认为，对于过去而言，其重要的作用就是为现存社会

❶ 曹晶晶 . 关于社会记忆资源与旅游开发的研究 [J]. 旅游纵览（下半月），2017（22）：31-32.

❷ 于波 . 以活化乡村记忆助力乡村振兴 [EB/OL].（2021-09-29）[2023-03-10]. https://www.sinoss.net/c/2021-09-29/566488.shtml.

❸ 郑杭生，张亚鹏 . 社会记忆与乡村的再发现——华北侯村的调查 [J]. 社会学评论，2015，3（01）：16-23.

秩序寻求合法性，任何社会都会存在秩序，而秩序的参与者们必然会拥有同样的记忆。如果在对过去的回忆中存在不同意见，那么这些成员就会无法共享其记忆经验。❶ 早在 21 世纪之初，就有学者指出村庄精英与社区记忆是理解村庄性质的二维框架。❷ 乡村记忆生发于乡村文化和乡村社会框架之下，具有文化规约、社会认同和心理安慰的功能，由村民的生产生活实践与村庄历史和神话故事交织互构而成，与村民的生活体验世代叠加，最终成为支配村民行动、维护乡村社会秩序的规范。如果失去了乡村记忆，那么乡村基本生产生活秩序也将难以为继，因为如果不同代际之间和不同时代之间共同享有的知识体系被破坏，那么这些不同时代和不同辈分的人之间也将无法对话。❸ 乡村记忆在意识层面上形塑了乡村秩序，这可以从仪式与身体两个维度来理解：一方面，乡村记忆仪式能够通过非常有意义的操演，唤起群体内部成员的集体认同感和向心凝聚力；另一方面，康纳顿所言的身体实践，包括体化实践与刻写实践，合力缔造了乡村秩序，保证了乡村记忆的连续性。房静静与牛喜霞指出，新时期以来，乡村物质形态、生产方式、传统文化、村落成员与社会环境都随着地理

❶ 康纳顿. 社会如何记忆 [M]. 纳日碧力戈，译. 上海：上海人民出版社，2000：3.

❷ 贺雪峰. 村庄精英与社区记忆：理解村庄性质的二维框架 [J]. 社会科学辑刊，2000（04）：34-40.

❸ 诺拉. 记忆之场：法国国民意识的文化社会史 [M]. 黄艳红，译. 南京：南京大学出版社，2020.

与社会流动而发生了巨变，乡村由同质走向异质，由静态转向流动，文化记忆的生产成为秩序的主要来源。此时，在传承乡村文化传统、重拾乡村文化价值时，乡村往往会出现以下现象：一是重修族谱、恢复祭祖及相关集体性活动，营造怀旧情感；二是将民俗文化、礼仪信仰与节庆活动结合，大力兴办并丰富地方性知识；三是发展乡村旅游，帮助乡村景观成为地方性经济资源，从而回应人们对乡土文化和乡村记忆的关注。❶

值得注意的是，乡村记忆的独特性在于记忆使乡村物理空间转换为具备情感价值的场所，乡村空间对于记忆的影响是不容忽视的。乡村记忆发端于个人，受到社会框架的结构性限制、文化规约及乡村空间变迁的影响，因此在进行村落保护与记忆开发时，必须保护传统村落的完整性和多样性，避免千村一面。❷ 陈秋强调，乡村记忆是乡村振兴的重要保障，是民众生活与身体的记忆，其具有多元的记忆主体；不同形态的乡村记忆能够相互转化，是乡村记忆助力乡村振兴的重要保证。❸ 他提出了五条可能的记忆开发路径：挖掘乡村记忆的"身体记忆"特质，正视其重构乡村生活共同体的重要功能；引导乡村记忆多元主体的"新乡

---

❶ 房静静，牛喜霞. 新中国成立 70 年来乡村社会秩序的变迁及其解释框架 [J]. 天府新论，2022（04）：119-124.

❷ 王云庆，向怡泓. 从社会记忆角度探索传统村落保护开发新思路 [J]. 求实，2017（11）：85-96.

❸ 陈秋. 乡村记忆与乡村振兴 [J]. 宜春学院学报，2019，41（11）：48-52.

贤"角色转换，培育其参与乡村社会治理的人文社会环境；创建乡村记忆体验馆、发展身体技艺传承体系，增强"乡村社区记忆"，促进乡风文明建设；借力口承记忆、文本记忆、数字记忆，讲好乡村振兴故事；挖掘乡村记忆资源，发展乡村产业，助力乡村经济发展。他认为，应当走乡村记忆信息产业化和文化创意产业化道路，遵循"民众参与、政府引导、市场运作、企业主体"的开发逻辑，通过建设乡村记忆纪念建筑、开展乡村记忆文化节等方式进行乡村记忆开发。

（二）乡村记忆再生产的主体与路径

乡村记忆是乡村存在与发展的历史记录，是围绕乡村成员生产生活实践形成的思想意识，是维系乡村共同体的精神力量，对于维持乡村社会稳定和乡村成员一致性具有重要作用。各时代的乡村记忆都建立在当时的社会基础之上，乡村记忆想要不断地延续和传承下去，就必须生产出适应当代社会需求的新记忆，也就是要及时实现乡村记忆的转型与再生产。只有通过这样的反复再现，乡村记忆才能维持其活性，进而推动乡村社会的良性发展。❶ 与社会记忆再生产类似，乡村记忆再生产也普遍存在于乡村社会之中，与乡村生产生活相关联。记忆再生产的本质在于对

---

❶ 郑杭生，张亚鹏.社会记忆与乡村的再发现——华北侯村的调查 [J].社会学评论，2015，3（01）：16-23.

原初记忆"凝结、积淀和破译、复活的双向过程",凡是有关乡村记忆的唤醒、传承、延续、展演、开发,甚至是遮蔽与控制,都可以视为乡村记忆再生产活动。本书将从以下两个方面进行归纳。

一方面,依据记忆生产主体不同,乡村记忆再生产可分为由政府部门主导、由下乡资本主导和由村庄本身主导三个类型。首先是由政府主导的乡村记忆再生产,包括政府部门发起的"乡村记忆工程""中国传统村落立档调查""非物质文化遗产"等乡村记忆相关工程,以及各档案部门、文化遗产部门开展的各项乡村文化活动。其次是以下乡资本所主导的乡村记忆再生产,主要表现在以乡村旅游为主要产业的各地村庄,相关研究如梁音对洛带客家在旅游发展过程中对社会记忆资源的文化资本化的研究❶,罗德胤对贵州、江西等地区民族旅游村寨的研究。❷最后是村庄本身所主导的乡村记忆再生产,相关研究如林磊以某村庄具体的元宵节庆习俗为个案,指出村庄节庆活动使已经异化的村庄日常生活得到恢复,进而活化了村庄集体记忆。❸

---

❶ 梁音.社会记忆的文化资本化——以洛带客家社会记忆资源的旅游开发为例 [J].成都大学学报(社会科学版),2008(04):91-94.

❷ 罗德胤.传统村落能否成为特色小镇? [J].旅游学刊,2018,33(05):4-6.

❸ 林磊,朱静辉.城市化语境下村庄日常生活与集体记忆的再生产——以武汉市郊区李庄元宵节习俗为个案的分析 [J].民俗研究,2017(05):140-148.

另一方面，乡村社会的发展和乡村文化的兴衰都与乡村记忆再现存在不可忽视的联系，而不管是个体记忆还是社会记忆，都会呈现澄显与遮蔽、潜在与现实、静态和动态交替的特征❶，因此乡村记忆再生产，需要将沉睡的乡村记忆挖掘、激活，在记忆主体的选择与认可中，完成记忆的塑造和重构。乡村记忆再生产研究主要集中于档案学、地理学、传播学与社会学领域，各学科侧重的记忆形式与再生产路径不尽相同。其一，档案学学者多立足于乡村档案记忆，用开发、叙事、展演等机制阐释乡村记忆再生产。如张燕、丁华东等主张通过开发主体社会化、开发内容叙事化、开发方式融合化与开发成果影像化的方式实现乡村档案资源的开发。❷朱明龙、张军等从形式转化、内容叙事与意义阐释三个维度对乡村档案记忆再生产的实现路径进行了讨论。❸周林兴等将数字化背景下乡村档案记忆资源的开发机制总结为"资源建设—数据关联—记忆活化"。❹其二，地理或旅游学科学者侧重

---

❶ 丁华东.讲好乡村故事——论乡村档案记忆资源开发的定位与方向 [J].档案学通讯，2016（05）：53-58.

❷ 张燕，丁华东.乡村记忆展演：乡村档案资源开发的新视角 [J].档案学通讯，2016（03）：4-8.

❸ 朱明龙，孙军.乡村档案记忆再生产的维度及实现路径 [J].档案与建设，2023（10）：41-44.

❹ 周林兴，崔云萍.面向数字人文的乡村档案记忆资源开发：价值、机制及路径选择 [J].北京档案，2021（10）：10-14.

于空间视角，如张茜、徐卫民以展示乡村遗风与生产生活方式的乡村博物馆为基点探讨如何为游客呈现乡愁。❶吕龙、黄震方等将乡村文化记忆看作探究乡村旅游时空变迁的重点要素，搭建出"时间维度—空间维度—社会维度"的三维研究框架❷，还将乡村文化记忆空间分为生活生产类、功能象征类、社会表征类和精神意识类四种。❸其三，传播学学者关注媒介技术对记忆再生产的影响。如陈新民、杨超凡指出，乡村记忆的纪录影像通过主体叙事、空间叙事与媒介叙事实现乡村记忆的延续。❹贾牧笛提出可从"媒介—空间—主体"三位一体的实践路径促进乡愁记忆再生产❺，即通过开发利用新媒介、复兴乡村公共空间，激发农民的主体性意识。其四，社会学学者不仅关注记忆本身，还着力探究乡村记忆对乡村社会的影响。郭明以微信群嵌入乡村社会为视角，发现虚拟公共空间通过唤醒乡村记忆形塑乡村认同，进而实现了

❶ 张茜，徐卫民.接触地带：乡村博物馆何以承载乡愁？[J].西南民族大学学报（人文社会科学版），2022，43（08）：33-42.

❷ 吕龙，黄震方，陈晓艳.文化记忆视角下乡村旅游地的文化研究进展及框架构建[J].人文地理，2018，33（02）：35-42.

❸ 吕龙，黄震方，陈晓艳.乡村文化记忆空间的类型、格局及影响因素——以苏州金庭镇为例[J].地理研究，2018，37（06）：1142-1158.

❹ 陈新民，杨超凡.论乡村集体记忆的纪录影像叙事：主体、空间、媒介[J].当代电视，2021（05）：71-75.

❺ 贾牧笛.乡愁记忆的再生产路径探析——基于河南省扶沟县丁岗村的田野调查[J].新闻爱好者，2020（01）：62-66.

乡村共同体再造。❶进入数字时代后，"媒介记忆的可移植性使记忆的再生产行为得以延续"，数字化成为记忆形态的归宿，数字生产与传播路径也引发了学者对记忆再生产的深入思考。❷

第二节 关键概念界定

关键概念的阐释与明晰是开展学术研究的基本前提。为避免读者在具体情境中产生对概念的误读，本书将对四个主要概念加以说明。

一、文旅资本下乡

"资本"在经济学中是指为生产需要而生产的商品总量，是作为生产要素的物质实体。而在政治学或社会学意义上，"资本"往往也指携带资本的主体，即个人或企业、合作社等组织。"资本下乡"的资本既包括外部城市的工商资本，也包含外部农村的工商资本，甚至是返乡农民工回流的创业资本等，这是乡村增量

❶ 郭明.虚拟型公共空间与乡村共同体再造 [J].华南农业大学学报（社会科学版），2019，18（06）：130-138.

❷ 袁爱清，孙强.从记忆视角解析弱势群体的维权抗争 [J].山东理工大学学报（社科版），2017（1）：76-80.

的资本。❶ 2020 年，农业农村部办公厅印发《社会资本投资农业农村指引》，指出要"引导社会资本有序投入农业农村，加快形成乡村振兴多元投入格局"❷。

"资本下乡"，最初出现在农业经济学领域，是指利用城市里富余的资金、人才和技术等现代生产要素以资本形式向乡村流动，通过与土地等农村生产要素结合，提高传统农业生产效率和效益❸，典型模式是"公司+农户"❹。随着我国城镇化的推进与土地政策的更新，城市里的工商企业资本也以种种形式参与到了农村土地资源的整理和流转之中。周飞舟、王绍琛提出，工商资本下乡是指下乡资本由地方政府引导进入乡村，集中流转和承包乡村土地，规模化种植经济作物或经营高附加值的现代农业。❺徐宗阳对此持有相似的看法，他指出资本下乡是指城市资本在农村流转土地，建立公司型农场并积极经营农业的现象。❻刘成玉等

---

❶ 万磊.理与义：乡村振兴中的资本与精英 [D].武汉：华中师范大学，2021.

❷ 农业农村部.社会资本投资农业农村指引 [EB/OL].（2020-04-17）[2024-03-20]. https://www.gov.cn/xinwen/2020-04/17/content_5503377.htm.

❸ 徐勇.中国农村与农民问题前沿研究 [M].北京：经济科学出版社，2009：12.

❹ 仝志辉，温铁军.资本和部门下乡与小农户经济的组织化道路——兼对专业合作社道路提出质疑 [J].开放时代，2009（04）：5-26.

❺ 周飞舟，王绍琛.农民上楼与资本下乡：城镇化的社会学研究 [J].中国社会科学，2015（01）：66-83，203.

❻ 徐宗阳.资本下乡的社会基础——基于华北地区一个公司型农场的经验研究 [J].社会学研究，2016，31（05）：63-87，243.

将资本下乡形式总结为早期的"农工商一体化""产加销一条龙"
到中期的"农业产业化经营"再到近期的大规模土地流转。❶

2021 年，农业农村部办公厅与国家乡村振兴局综合司印发
《社会资本投资农业农村指引（2021 年）》，强调"鼓励社会资本
发展休闲农业、乡村旅游、餐饮民宿、创意农业、农耕体验、康
养基地等产业，充分发掘农业农村生态、文化等各类资源优势，
打造一批设施完备、功能多样、服务规范的乡村休闲旅游目的
地"，即引导社会资本在土地流转的基础上，通过独资、合资等
多种方式发展多种形式的旅游产业经营。

本书将"文旅资本下乡"置于外来资本与乡土社会互动中进
行分析，着力关注资本下乡发展文旅产业时的乡村记忆实践，因
此将"文旅资本下乡"定义为文化旅游类社会资本逐步进入乡村
社会，发展乡村文化旅游产业等农业与非农业经营和服务的现
象，其目标是建立资本在村庄中的合法性并实现成功经营。在大
部分情况下，资本下乡后面临的是复杂的乡村社会结构，资本本
身的"外来性"常常与乡土逻辑产生冲突，导致资本无法顺利扎
根乡土。"下乡资本"只有适应乡村环境，努力寻求与乡村社会
顺利融合的契机和切入点，才能有所作为，成功"下乡"。

---

❶ 刘成玉，熊红军.我国工商资本下乡研究：文献梳理与问题讨论 [J].西部论坛，
2015，25（06）：1-9.

二、乡村记忆

"乡村",是"以农业经济为主,社会结构相对简单、稳定,以人口密度低的集镇、村庄为聚落形态的地域总称"❶。2021 年,《中华人民共和国乡村振兴促进法》将乡村界定为"城市建成区以外具有自然、社会、经济特征和生产、生活、生态、文化等多重功能的地域综合体,包括乡镇和村庄等"。"记忆",是指超越了哲学与心理学范畴,成为社会研究对象的"社会记忆"。哈布瓦赫指出,保证记忆得以传承的条件就是社会交往,以及群体认识到需要提取该记忆的延续性❷;韦尔策将"社会记忆"定义为"一个大我群体的全体成员的社会经验的总和"❸。

笔者认为,乡村记忆是指发生在乡村场域中的社会记忆,其内涵与"乡村集体记忆""乡村社会记忆""乡村社区记忆"高度相似,故本书统一使用"乡村记忆"这一表述。早期针对乡村记忆的相关研究集中于文学和传播学领域,通常以"乡愁""乡土记忆""乡土情感""乡土情结"等概念来表述。近年来,乡村记忆研究逐渐扩展至档案学、博物馆学、管理学、社会学等诸多学

---

❶ 宁志中. 中国乡村地理 [M]. 北京:中国建筑工业出版社,2019:3.

❷ 哈布瓦赫. 论集体记忆 [M]. 郭金华,毕然,译. 上海:上海人民出版社,2002:335.

❸ 韦尔策. 社会记忆:历史、回忆、传承 [M]. 季斌,王立君,白锡堃,译. 北京:北京大学出版社,2007:4.

科，对乡村记忆的阐述往往从"集体记忆"的角度来进行，一个村子非正式地为自己建构起一段记忆，每个个体都在记忆，同时也在被记忆。❶ 不同于简单的乡村认知，乡村记忆蕴含着丰富的时空要素。有学者认为乡村记忆是"一种与过去进行重新连接的体验，欣赏自然环境、当地传统、庆典与艺术形式，与被视为简单淳朴生活或回归童年的方式的联系"❷。贺雪峰基于国内乡村实际，认为乡村社区记忆是村庄过去的传统对当前乡村社会的影响程度和影响途径。❸ 郑杭生、张亚鹏指出，乡村记忆是村庄在变迁和发展中，围绕着村民的共同生活形成的思想形态，是乡村社会文化的灵魂。❹ 鲁可荣则将传统村落集体记忆定义为村民在农耕生产实践中传承下来的村庄共同体意识，是村庄共享的价值观念。❺

乡村记忆包含了乡村的历史、文化、传统和变迁，渗透在乡村的日常生产生活中，具有乡土性与地方性、自治性与完整性、

---

❶ 康纳顿. 社会如何记忆 [M]. 纳日碧力戈，译. 上海：上海人民出版社，2000：14.

❷ NOGUEIRA S, PINHO J C. Stakeholder Network Integrated Analysis：The Specific Case of Rural Tourism in the Portuguese Peneda-Gerês National Park [J]. International Journal of Tourism Research，2015，17（04）：325-336.

❸ 贺雪峰. 村庄精英与社区记忆：理解村庄性质的二维框架 [J]. 社会科学辑刊，2000（04）：34-40.

❹ 郑杭生，张亚鹏. 社会记忆与乡村的再发现——华北侯村的调查 [J]. 社会学评论，2015，3（01）：16-23.

❺ 鲁可荣. 乡村集体记忆重构与价值传承 [J]. 民俗研究，2021（03）：62-70.

丰富性与多样性、弥散性与潜在性、内稳性与动态性等多重特点。● 依据记忆载体不同，郑燕将乡村记忆划分为语言传播类（口述历史、传说故事）、仪式展演类（地方语言、历史人物、民俗活动、信仰仪式）、生产生活类（日常生活、宗族关系）、文本刻写类（传统文化、文学艺术）与景观建筑类（信仰建筑、乡土景观、遗迹景观、生产生活空间）。❷ 杨雪云、丁华东根据乡村记忆形态的不同将其分为四类：一是口头传承记忆；二是文献记载记忆；三是体化实践记忆，以仪式和身体动作为存在形式；四是器物遗迹记忆，以物品、建筑和自然空间为存在形式。❸ 这种分类也恰好吻合了从地理学角度所归纳的乡村记忆形态分类，即以口头语言为主要媒介的记忆传承与扩散，以人类行为为主要载体的记忆展演，以文本记载为主要基础的记忆刻写，以景观建筑为主要符号的记忆承载。❹

因此，本书认为乡村记忆作为一种社会记忆，指的是乡村

❶ 丁华东. 在乡村记忆保护传承中不能缺位——论城乡档案记忆工程推进的现实必要性与存在合理性 [J]. 档案学研究，2016（04）：86-90.

❷ 郑燕. 文化记忆嵌入乡村振兴的路径与跨界实践 [J]. 山东社会科学，2022（06）：187-192.

❸ 杨雪云，丁华东. 乡村社会记忆的功能转向及其思考——以徽州历史档案为分析对象 [J]. 学术界，2011（12）：71-80.

❹ 宋玉，黄剑锋. 国内外乡村记忆地理研究进展与展望 [J]. 世界地理研究，2019，28（06）：166-177.

在形成、变迁和发展过程中，围绕着日常生产生活实践形成的集体意识与思想形态，具有文化规约、价值引导、社会规范和塑造认同等功能，是乡村社会秩序的精神来源。乡村记忆在一般意义上可分为器物层、观念层与制度层三个层面，具体可表现为五种形态：一是器物遗迹形态，以物品、建筑和自然空间为主，如老屋、祠堂、古井、古庙、古桥、耕作农具、生活器具、历史典故发生地点等；二是文献记载形态，如村史村志、家谱族规、契约、文集、信札、图片、图像、照片、影像资料等；三是口头传承形态，如乡村历史、神话故事、乡村谚语、地方语言等；四是体化实践形态，以仪式和身体操演为主，如乡村婚丧嫁娶、迎神赛会、宗教民俗、地方戏曲等仪式，农耕节庆、耕作方式、生活方式、乡规民约、行为规范等；五是数字记忆形态，即存在于网络空间以数字技术为传承媒介的、以乡村生产生活为主要内容的数字文本与影像等，如乡村游子札记或乡村生活短视频等。

三、乡村记忆再生产

卡尔·马克思（Karl Marx）认为社会生产过程从其不断更新的特质而言，也就是再生产过程。[1] 任何形式的再生产都包含生

---

[1] 马克思，恩格斯. 马克思恩格斯全集：第二十三卷 [M]. 中共中央马克思恩格斯列宁斯大林著作编译局，译. 北京：人民出版社，1972：621.

产、分配、交换与消费四个部分。作为社会再生产的特定类型，社会记忆再生产是对社会记忆进行生产、加工与消费的行为、过程与结果，是有意识唤醒与重现原有记忆并对其赋予新意义的过程，是社会记忆传承、建构和控制的过程。[1] 这一过程往往由权力主体引导，通过梳理、编译、改造等各种加工方式赋予社会记忆以价值和意义。凡是涉及对社会记忆的挖掘、筛选、唤起、提取、复活、重塑、重构、再现、开发、延续、传播与传承等方面的过程都能够被视为社会记忆的再生产过程，如史籍编著、仪式展演、节庆活动、神话传说、传统延续，甚至是大众的知识学习等。

既有研究认为社会记忆的再生产过程可被阐释为"存储、调取、传达"，或是"唤起、重构、固化、刻写"，或是"生成、加工、展演、消费"等过程，生产对象可被解析为"形式再生产、内容再生产、意义再生产"[2]。其中，"唤起、重构、固化和刻写"四个阶段更为清晰地展示了社会记忆是如何实现再生产的[3]：首先，筛选、挖掘并唤起过去的部分回忆；其次，对记忆内容进行重构，为过去包裹上具有新特征的外壳甚至注入新的内涵；再次，对新的记忆进行固化，用各种方式将之保存，进而使其得到人们

---

[1] 丁华东 . 档案与社会记忆研究 [M]. 北京：人民出版社，2016：320.

[2] 丁华东 . 论社会记忆再生产的基本结构 [J]. 思想战线，2019，45（02）：121-128.

[3] 张凤阳 . 政治哲学关键词 [M]. 南京：江苏人民出版社，2008：369.

的认同，并赋予其存在的合法性；最后，通过在个人、群体和各种社会政治环境中的刻写，将这些记忆保存起来形成固化的记忆并传承下去，其本质都是对社会原初记忆的唤醒与意义赋予。

本书认为乡村记忆再生产是一个有目的、有意识反复进行记忆再现的过程，本质在于对原初记忆"凝结、积淀和破译、复活的双向过程"，既体现在乡村日常生活中对记忆的重构与传承，用人们默认的、频繁调用的记忆资源生成乡村历史与文化延续的链条，也体现在对乡村记忆资源有目的的开发上。因此，本书将乡村记忆的再生产过程依次归纳为对乡村记忆的挖掘与唤起、再现与重构、开发与消费、传播与传承四个重要阶段。乡村记忆的再生产始终是动态的建构过程，正是乡村记忆的不断复现，才使人们能够从不断发展的社会生活中吸取教训、积累生活经验，并将其应用于未来的生产生活之中，以推动村庄的进步与发展。乡村记忆再生产既维系了乡村社会发展的连续性和完整性，也维护了自身的整体性特征。

四、乡村秩序

秩序，是指有条理、不混乱，含有整齐、守规则的意思。社会秩序指的就是人类社会中社会关系与社会行为的制度化和规范化，是人们在生产生活中创造出来用以协调和指导人们的行为、相互关系，维系共同生活的行为方式和准则。❶社会秩序包含静态结果与动态过程两个层面。从静态结果而言，社会秩序指的是社会系统的内在结构和模式，体现出社会结构的稳定性与协调性；从动态过程而言，社会秩序是指社会系统运行过程中的表现形式，体现出社会运行的规则性和连续性。❷

乡村秩序指的是乡村区域的平稳有序，即乡村社会处于一种稳定和均衡状态。❸通常而言，中国乡村秩序表现为传统礼治秩序与现代法治秩序的结合。礼治秩序是指村民在长期生产生活中传承与延续下来的村庄集体意识、共享的价值观念和共设的乡规民约等，目的在于维持乡村社会平稳有序运行。法治秩序是指国家对乡村社会进行的管理和调控，通过行政与法律等手段维护社会秩序与公共利益。每一处村庄都有其社会秩序，界定着村庄内部成员的社会角色、社会地位与行为规范，是维护村庄结构平衡与空间运转的重要基础。理解乡村社会的核心就是要理解作为乡村主体的人，乡村记忆作为乡村文化价值的凝结，既反映着乡村主体的内在情感，也是乡村社会秩序规范的精神来源。本书所讨论的乡村秩序，正是村庄内部基于乡村记忆再生产而发生的乡村

---

❶ 周庆智.中国基层社会秩序变迁及其建构涵义 [J]. 华中师范大学学报（人文社会科学版），2018，57（01）：17-33.

❷ 沈新坤.乡村社会秩序整合中的制度性规范与非制度性规范 [D]. 武汉：华中师范大学，2008.

❸ 贺雪峰.论乡村社会的秩序均衡 [J]. 云南社会科学，1999（03）：32-39.

秩序转变，是新的社会结构框架内村民对于时间序列的感知以及村民合作互动的状态，可包含时间感知秩序与人际互动秩序两个维度。

第三节 理论基础与分析框架

一、理论基础

社会心理学家指出，个体的认知不是天然存在的，需要通过人与人之间的交往和互动建构，记忆作为人类知识的一部分也不例外。记忆在本质上是一种动态重建过程，是特定社会群体的全体成员社会经验的总和。[1] 在回忆时，人们会构造出基于个性化适应的精准表征，其实质内容是"对人类在实践活动中形成的主体能力和本质力量的凝结、积淀和破译、复活的双向过程"[2]。在界定记忆概念时，不同学者因为自身研究偏好而提出了不同的概念。例如，莫里斯·哈布瓦赫的"集体记忆"、阿斯曼夫妇的"文化记忆"、保罗·康纳顿的"社会记忆"、埃特瓦德·凯赛所定义的"公共记忆"等。然而，上述和群体记忆相关的一连串概

[1] 韦尔策.社会记忆：历史、回忆、传承 [M].季斌，王立君，白锡堃，译.北京：北京大学出版社，2007：代序.

[2] 孙德忠.重视开展社会记忆问题研究 [J].哲学动态，2003（03）：17-21.

念很难清晰地区分开来。为了方便讨论，本书以"社会记忆"来描述所谈论的群体记忆，这一群体的规模大到一个社会和阶层，小到一个社区和家庭。❶ 大规模的社会记忆理论探索始于 20 世纪 80 年代，文学、历史学、档案学、传播学、地理学、社会学等学科领域对此展开了探讨，充分证明社会记忆研究可以不断容纳崭新的视角，因为研究的是长久以来被忽视和掩藏的记忆内容❷，具有跨学科的潜力 ❸，由此涌现出文化记忆、历史记忆、创伤记忆、代际记忆、文学记忆、国家记忆、民族记忆与地方记忆等多维度记忆研究。

社会学为记忆研究提供了重要的方法论。社会学视角下的记忆研究是指任何具有社会学想象力的，把个人问题与公共议题、历史视野联系起来并具有理论启发性的记忆研究。记忆社会学关注的是记忆的社会性，关注过去与现在（甚至未来）的关系，以及这种关系如何影响行动者和社会结构并受后两者的影响。❹ 记

---

❶ 张俊华. 社会记忆研究的发展趋势之探讨 [J]. 北京大学学报（哲学社会科学版），2014，51（05）：130-141.

❷ 阿斯曼. 记忆作为文化学的核心概念 [M]// 埃尔，冯亚琳. 文化记忆理论读本. 北京：北京大学出版社，2012：117.

❸ 阿斯曼. 记忆作为文化学的核心概念 [M]// 埃尔，冯亚琳. 文化记忆理论读本. 北京：北京大学出版社，2012：127.

❹ 钱力成. 记忆社会学——何以可能与何以可为 [J]. 社会学评论，2022，10（04）：168-185.

忆社会学所代表的不仅仅是一个研究主题，更是一种强调"意义"和"时间性"的思维方式。群体与个体都可以成为记忆的研究主体。社会记忆具有强烈的时空属性，往往与群体认同和历史文化相互关联，社会学家或是将记忆视为"社会的连接结构"[1]，或是将记忆理解为知识社会学的分支。[2]

　　社会记忆理论主张记忆具有社会性，记忆是一个建构的概念，而对于这种建构的看法又存在三种学术观点：一是过去中心观，认为现在是由过去塑造和决定的。即使在现代社会的剧烈转型中，传统依然存在并不断影响着当下。[3] 二是现在中心观，这一观点认为社会记忆绝非对过往的不假思索的复制，而是立足于当下情境、基于现在的需求展开的重构。三是巴里·施瓦茨（Barry Schwartz）在现在中心观基础上提出的观点，强调对于过去的回溯，并非只是依据当下情境和需要凭空捏造的，现在的社会情境是对过去所发生的历史的挑拣。[4] 也就是说，记忆是一种

[1] BURKE P. History as Social Memory [M]// Memory：History，Culture and the Mind. New York：Blackwell，1989：97-113.

[2] BAKER K M. Memory and Practice：Politics and the Representation of the Past in Eighteenth Century France [J]. Representations，1985（11）：134-164.

[3] 希尔斯 . 论传统 [M]. 傅铿，吕乐，译 . 上海：上海人民出版社，2014.

[4] 钱力成 . 作为记忆的声誉——美国声誉社会学作品概览及启示 [J]. 中国图书评论，2017（08）：62-66.

动态的和建构性的过程。❶集体记忆既可以被解读为对"过去"的累积性建构，也可以被认为是对"过去"的一种穿插式建构。❷换言之，记忆不是被历史与社会结构以外的要素塑造而成的结果，更是记忆主体主动构建而来的。

长期以来，西方社会记忆研究表现出五种研究取向：强调记忆是集体与社会框架的需要和结果的"社会—功能取向"；通过对话语、符号与象征的意义诠释来理解记忆的"话语—诠释取向"；强调记忆主体能动性的"行动—互动取向"；关注抽离具体情境的社会记忆形式与结构的"形式—结构取向"；通过个体记忆加总来分析集体记忆的"个体—集合取向"。而中国记忆研究表现出了另外一种独特的研究取向，即强调认识记忆所嵌入的场域背景，尤其是不同场域间相互关系的"场域—关系取向"，包括但不限于政治、商业、文化等场域，场域之间的关系和力量对比将在很大程度上影响集体记忆的实现方式和最终样态。❸

正如奥利克所担忧的那样，虽然多个学科和多种学术背景的研究者已对记忆展开研究，然而对社会记忆的讨论始终缺乏系统

---

❶ SCHWARTZ B. The Social Context of Commemtation: A Study in Collective Memory [J]. Social Forces, 1982, 61（2）: 374-402.

❷ 哈布瓦赫. 论集体记忆 [M]. 郭金华，毕然，译. 上海：上海人民出版社，2002：353.

❸ 钱力成. 记忆社会学——何以可能与何以可为 [J]. 社会学评论，2022，10（04）：168-185.

的研究范式，也没有成型的相关理论。❶无论是西方还是中国，学界在社会记忆研究方面都没有构建起一系列连贯的理论体系。在综合前人研究基础上，本书将社会记忆理论内容简要归纳为以下几点。

第一，社会记忆具有社会性和建构性，是对"过去"的一种累积性建构，也是一种穿插式建构，即过去的记忆对当下记忆的形成具有基础性作用，同时人们也会基于现实需求对记忆作出重新筛选、理解、重构、形塑与传承等。此外，个体记忆与集体记忆之间并非对立割裂的，而是存在着与个体记忆相对应的社会记忆框架。个体记忆能够在社会框架中转变成集体记忆，社会框架决定了个体记忆的有效性和关联性，并塑造了它们的表征形式。

第二，社会记忆具有实践性和连续性，记忆的保存和传承方式多种多样，仪式操演与刻写实践是其中的重要方式。与此同时，权力、空间、生产方式、生活方式、媒介技术等都影响着社会记忆的重构与传承。首先，权力能够通过话语体系与规训仪式影响记忆的生产，无论是记忆的生成还是传播，事实上都是"权力控制"的过程。❷其次，记忆植根于特定的空间，在被空间影

❶ 奥利克，罗宾斯，周云水. 社会记忆研究：从"集体记忆"到记忆实践的历史社会学 [J]. 思想战线，2011，37（03）：9-16.

❷ 康纳顿. 社会如何记忆 [M]. 纳日碧力戈，译. 上海：上海人民出版社，2000.

响的同时也会反作用于空间。再次，社会记忆的建构会受到生产方式与生活方式的影响，一个社会记忆什么、遗忘什么、如何记忆，都反映着该社会的主流生产与生活特征。最后，记忆天然具有媒介属性，媒介不仅是记忆承载与保存的物质载体，更拉长了记忆的时间轴，扩展了记忆的空间边界。人们在进行记忆表达和传播时，不可避免地会使用一些外部媒介，如语言、器物、动作、文字、图像、影音等。

第三，社会记忆具有强大的社会功能。其一，社会记忆是构建群体身份和社会认同的重要机制[1]，对记忆的分享与传承能帮助群体形成内部的归属感和价值观。社会记忆还具有"辨别功能"，能够区分出内群体与外群体[2]，从而建立起一个群体或民族的身份。其二，社会记忆可以推动文化传承，通过各种媒介与载体，将历史、传说等文化元素保存并代代传播，帮助文化实现延续、创新与多样性发展。[3]其三，社会记忆可以塑造社会规范，建构社会秩序。其四，社会记忆有助于保持历史的客观与公正，增强记忆的代际传递，在一定程度上避免历史的歪

---

[1] 艾娟，汪新建. 集体记忆：研究群体认同的新路径 [J]. 新疆社会科学，2011（02）：121-126，148.

[2] 胡晓红. 社会记忆中的新生代农民工自我身份认同困境——以 S 村若干新生代农民工为例 [J]. 中国青年研究，2008（09）：42-46.

[3] 赵爱霞，左路平. 论文化记忆及其意识形态功能 [J]. 思想教育研究，2022（02）：80-86.

曲与遗忘。❶总体而言，尽管国内学界对社会记忆的研究逐渐增多，但多为案例研究，对于社会记忆理论的阐释和建构仍有待丰富和完善。

二、分析框架

文旅资本下乡过程中难免面临实践困境，寻求有效的动力机制、与乡村社会融合发展是文旅资本下乡的关键出路。文旅资本在与村庄互动中不仅要谋求自身的经济利益，还要保持乡村的地方特征，推动乡村的可持续发展。这与弥散在乡村空间、维持乡村社会运行的乡村记忆在发展目标方面表现出相似之处。全国乡村旅游重点村 T 村在文旅产业发展中一定程度上实现了下乡资本与乡村社会的良性互动，证明乡村记忆作为乡村集体力量，能够成为文旅资本与乡村社会的黏合剂。为探究文旅资本下乡过程中的乡村记忆再生产机制，本书着眼于 T 村与下乡资本互动中的乡村记忆实践，从记忆的唤起、重构、开发与传承四个环节展开分析，提出 ARDI 模型，即唤起（arouse）—重构（reconstruct）—开发（develop）—传承（inherit），并进行总结。

社会记忆再生产广泛存在于社会之中，社会记忆的延续、传

❶ 张爱凤.原创文化类节目对中国"文化记忆"的媒介重构与价值传播 [J].现代传播（中国传媒大学学报），2017，39（05）：85-90.

承、建构、重塑、澄显、遮蔽、控制等行为都能够被纳入社会记忆再生产的范畴。本书在对相关研究的梳理和总结的过程中发现，学者们多从过程角度阐释记忆的生成过程和建构机制，如"身体实践与纪念仪式""存储、调取、传达""唤起、重构、固化、刻写"，或"传承、建构和控制""生成、加工、展演、消费"。T村的文旅产业发展充分调用了乡村记忆，立足当下对乡村记忆进行重构，形成了一套较为完整的乡村记忆再生产过程。

文旅资本下乡具有自身目的，即实现经济目标的同时，推动乡村社会的发展与繁荣。通过对乡村记忆的调用，文旅资本一方面在历经记忆唤起、记忆重构、记忆开发与记忆传承的完整过程中通过记忆的开发达成经济目标，另一方面也能通过对乡村记忆的重构助力乡村社会实现可持续发展。乡村社会由此获得了正向反馈，村民借助文旅产业获得了职业发展和经济收入，社会交往得到了强化，乡村记忆本身也得到了延续和传承。文旅资本与乡村社会，借助乡村记忆实现了良性互动。

第四节　研究方法与田野概况

一、研究方法

实地研究是一种深入研究现象生活背景，以参与观察和访谈的方式收集资料，通过对资料的定性分析了解和解释现象的社会研究方法。❶ 实地研究周期较长，往往只关注某一个案，常被称为"个案研究"或"参与观察"。实地研究适用于对少数具有代表性和独特性的社会单位展开深入考察。❷ 本书的主题——乡村记忆——决定了研究者必须深入研究对象及其所在村庄进行调查，重点观察在文旅资本入村后，资本与村庄的互动以及乡村记忆的重构实践；理解乡村记忆参与乡村建设呈现的再生产机制与特征。

具体方法和技术是指在研究的各个阶段使用的具体方法和技术，包括资料收集方法、资料分析方法和各种特定的技术手段或工具。社会科学研究的主要资料来源有询问记录、观察记录、统计数据和文献资料等，对应的资料收集方法有问卷法、访问法、观察法、量表法、实验法和文献法❸，本书仅对资料收集与分析方法进行说明。

为了能够进行深入分析，笔者于 2021—2023 年多次前往 T 村进行观察，随后对相关人员进行了较为深入的访谈，收集了大量一手资料。回顾整体研究过程，本次调查获取资料的方法包含以下两种。

---

❶ 袁方. 社会研究方法教程 [M]. 北京：北京大学出版社，2013：28.

❷ 陈向明. 质性研究：反思与评论 [M]. 重庆：重庆大学出版社，2013：142.

❸ 袁方. 社会研究方法教程 [M]. 北京：北京大学出版社，2013：30.

一是参与观察法。在社会科学研究中，参与观察法是收集社会初级信息或原始资料的方法，调查者可以以直接感知和直接记录的方式获取调查材料。调查者通过有目的、有计划的观察，了解处于自然状态下的社会现象，获取相对真实可靠的资料。笔者于 2022 年 7—8 月多次前往 T 村 JZS 小区进行走访调查；于 2021—2023 年又前往 T 村对村庄整体状况以及农家乐饭店经营状况进行参与观察，累计次数达 40 次。

二是半结构式访谈法。半结构式访谈是指在访谈开始之前准备好相关提纲，由研究者建立对话方向，在特定的访问主题之下，对受访对象进行相对开放的访问。受访者依据自身经历、历史经验与个人观点进行回答，研究者针对受访对象回应的一些额外话题追加提问，并赋予访谈内容理论诠释与讨论。在剔除交谈时间过短的对象，仅保留访谈时间在 30 分钟以上的对象后，笔者总计访谈 26 人，其中政府工作人员 1 人，下乡企业工作人员 6 人，T 村村民 13 人，游客 5 人，高校研究人员 1 人。

笔者对相关文档与影像资料进行了收集，分为两条路径：第一条是在线下对 T 村村史、村庄大姓族谱等相关资料的收集；第二条是在线上通过大众媒体、抖音等短视频平台、微信公众号等对 T 村有关的文本及影像资料的搜集。

二、田野概况

（一）田野地点的选择

案例的选择要综合考虑案例的典型性与普适性。依据研究目标与方便进入的原则，本书选择安徽省合肥市 C 区 T 村作为案例地点 ❶，于 2021—2023 年数次前往 T 村及原 T 村村民搬迁安置小区——JZS 小区进行实地调查。选择 T 村主要是基于以下考虑。第一，T 村是省会城市周边首批引入文旅资本发展文旅产业的乡村，并入选全国乡村旅游重点村，下乡资本与乡村社会处于良性互动的状态，具有文旅资本下乡的典型性。第二，T 村并非少数民族村落、特色村寨或传统古村落，是更为普遍意义上的中部乡村，具有一定代表性。第三，T 村的文旅产业发展经历了土地流转、房屋拆迁、产业转型等过程，村民生产方式与生活方式骤然发生转变，其间乡村记忆的再生产深受下乡资本的影响。第四，T 村位于笔者常住地附近，笔者较为了解 T 村的文旅产业发展过程，方便研究的展开。

（二）T 村简况

T 村，位于合肥市 C 区西北部，地处汤山北麓，下辖 11 个

---

❶ 本书个案资料来源如无特殊说明均为笔者在调研中搜集到的资料整理而成。

自然村，户数 903 户，总人口为 2087 人。截至 2024 年 5 月，T 村党支部下设 4 个党小组，有党员 36 人，先后荣获合肥市及开发区"先进基层党组织"称号。村庄总面积为 9.9 平方千米，包含耕地面积 7000 亩，生态林 2000 余亩，经济林 800 余亩。2016 年以来，T 村周边交通运输状况得到显著改善。高铁巢湖东站到达 T 村仅 1.8 千米，同时 1 小时交通距离的新桥、禄口国际机场也成为 T 村与国内外地区联系的桥梁。

T 村地处江淮丘陵地区，属于亚热带湿润季风气候区，四季分明，雨量充沛，无霜期长，但由于位于山麓，地势北高南低，耕地稀少，灾害性气候的发生较为频繁。村庄范围内虽然池塘众多，但彼此隔绝，基本依靠天然降水存蓄水量，遇极端天气时非常容易导致旱灾与洪涝灾害。村庄农耕作物以水稻、小麦、玉米、花生、山芋等为主，耕作条件差，产量较低，"靠天收"问题突出。近年来，农业生产资料物价上涨，农产品市场价格的控制使农民种地所得收益不高，这直接导致部分村民外出务工，引发了农田的闲置抛荒问题。

2015 年 5 月 20 日，C 区管理委员会与安徽 HS 商业管理集团股份有限公司签订投资合作协议，约定 HS 集团在 T 村设立巢湖项目相关联企业总部和垂直电商总部，围绕民俗、文化、旅游、餐饮、现代农业、电商等多领域开展相关开发及经营活动。2016 年 1 月 26 日，双方签订后续投资协议，约定投资项目名称为"SG公社",总投资3亿元,围绕电子商务、民俗、文化、旅游、餐饮、休闲等多个领域,引进包括甲骨文、顺丰、京东、傻瓜网等相关企业并建设民俗博物馆、游客集散中心等配套设施,打造"互联网＋农村"电商平台、民俗文化旅游平台、民宿美食平台,形成产业集聚。项目建设周期为36个月,已形成民俗工坊、风情民俗、特色农家乐、垂钓基地、农特产品展示等20多个主题项目,吸纳了大量青年群体返乡就业,部分青年实现了电商创业。

T村线下运营的产品可分为两大类:第一类是旅游纪念品,具体可分为木系列、瓷系列、竹系列、布系列及其他品类;第二类是农特产品,包括农特系列、巢湖水产类、泉系列、茶系列等。T村积极开展农村电商培训,努力形成集开发、生产、加工、线上线下销售、物流于一体的农村电商产业链条。此外,在原T村小学旧址上兴建的T村乡学院是服务特色小镇的教育培训机构,拥有50多位国内知名的学者、专家,以及电商创业者、电商企业的导师团队,并已举办多种类型的电商培训。

T村在小镇建成后获评多项旅游类奖项,如"安徽省首批特色小镇""长三角文旅特色美丽乡村"等荣誉,成为周边城市乡村旅游的重要选择,在不同类型网络平台收获了好评。2017年,T村被中共安徽省委、安徽省人民政府评为安徽省先进集体,并获得了安徽省首批特色小镇评比第一名。2019年7月2日,国家发展改革委认定 SG 公社为全国十大典型特色小镇之一，并向全国推广发展经验。2019 年 7 月 28 日，T 村成功入选第一批全国乡村旅游重点村名录。以 T 村旅游项目为核心申报的国家级旅游度假区获批，至今仍为安徽省唯一一个国家级旅游度假区。2019 年 12 月 3 日，安徽省农业农村厅认定 T 村为第十二批安徽省"一村一品"示范村（休闲农业）。2020 年，T 村旅游项目 SG 公社被认定为全国消费脱贫优秀典型案例。

第五节　研究价值与展望

一、研究价值

首先是研究视角的拓展。第一，已有对资本下乡的研究多集中在经济学领域，关注的是农业规模化经营以及乡村工业建设，对文旅资本下乡关注不足。本书的研究着力于文旅资本如何在乡村落地，寻求文旅资本与乡村社会良性互动的机制。第二，本书的研究从社会记忆视角切入，从动态过程剖析下乡资本与乡村社会互动中多方利益主体的行动，既关注社会结构与集体意识，也关注记忆个体的行动，是微观视角与宏观视角的结合。

其次是研究观点的创新。第一，本书提出了 ARDI 模型以揭示文旅资本下乡过程中乡村记忆的再生产机制。既有研究在讨论下乡资本如何扎根乡土社会时，往往聚焦于行政力量、市场力量和社会力量，关注制度、利益以及民情等如何推动资本落地，无法真正有效糅合资本的"外来性"与村庄的"乡土性"。作为乡村社会的集体意识，乡村记忆是资本融入乡村的有力工具，有助于实现资本与乡村的双向融合。本书基于 T 村的记忆建构与开发实践，在文旅资本与乡村社会间建立起联系，提出了揭示乡村记忆再生产机制的 ARDI 模型，提高了乡村记忆助力文旅资本下乡的解释力。第二，本书关注文旅资本与乡村社会互动这一过程对乡村产生的影响，即对乡村秩序的多重影响。在此之前，既有研究往往讨论的是资本下乡实践中资本运作的结果，即使偶有关注乡村社会的研究，也仅是从宏观层面思考村庄利益得失，对村庄及村民的感受缺乏关注。本书指出，乡村记忆的再生产过程不仅有益于文旅资本扎根乡土，更有效助力乡村秩序的维持和传承乡村记忆。这两个观点可以为后续研究提供一定的借鉴与参考。

最后是研究机理的深化。第一，以往关于下乡资本运作的研究常常基于相对静态的方面，资料多停留在时间横截面状态，忽视了资本与乡村互动的动态机制。本书基于 T 村文旅产业持续发展的过程，系统探究乡村记忆在乡村文旅产业发展过程中的作用机制。第二，既有研究显示乡村记忆再生产多由政府主导，对资本与记忆再生产的互动探讨不足，因此本书是对乡村记忆再生产研究的深化和延展，为乡村记忆的有效传承提供新的可能路径。

二、研究不足

客观来说，社会科学研究无法避免地存在一定的局限与不足，本书同样存在诸多不足，也有较大的完善和发展空间。

本书以皖中 T 村为个案，探究了 T 村在吸收下乡文旅资本、发展文旅产业时的乡村记忆再生产过程，从记忆再生产的四个环节详细讨论下乡文旅资本与村庄互动的方式和内容。然而，乡村记忆是弥散在乡村社会中的系统性文化工程，需要采取动态视角综合考量。因此，本书的不足包含两点：首先是分析过程的局限。本书意在从动态过程分析乡村记忆在与文旅资本互动中的再生产机制，但对乡村记忆主体、记忆主体与乡村之间的关系等关注不足，在一定程度上忽略了如乡村组织等其他因素对此的交叉影响。其次是理论讨论深度不足。本书以社会记忆理论作为理论基础，尝试从社会学视角更为系统深入地分析资本入驻乡村时，乡村记忆是如何被选择、被传承的，资本是如何借用乡村记忆资源融入乡村社会的，在此基础上归纳总结出具有一定价值的乡村记忆再生产机制模型，以丰富社会记忆等相关理论。本书的阐释与分析较为浅薄，未能很好地阐释 ADRI 模型的理论基础与其他现有理论的关联。

文旅资本下乡与乡村记忆再生产涉及的内容很多，社会记忆并非日常生活的无限积累，而是一种具有选择性的社会行为。在此过程中，筛选记忆的标准是什么，即哪些记忆能够被选择，哪些记忆会被遗忘；乡村记忆能够被再生产的前提条件是哪些；研究中所归纳出的 ARDI 模型是否具有可借鉴性以及乡村数字化对乡村记忆再生产的影响等，都是未来研究中需要进一步讨论的问题。

第二章　文旅资本下乡中
乡村记忆的唤起

文旅资本下乡后，要在乡村获得可持续发展，就需要在实现经济目标的同时，积极主动融入乡村社会。乡村记忆作为乡村群体的凝聚性共识，关系着乡村的日常生产生活实践，能够作为集体力量推动乡村文旅资本的推广实施。它不仅是一种复制的能力，更是一种确确实实具有生产力的能力。❶在文旅资本下乡之前，T村正面临着乡村记忆危机和发展困境，因为记忆主体的流失、生产生活实践的减少，村庄共同体被不断消解，乡村记忆也逐渐消失。作为社会再生产的一个特殊领域，乡村记忆再生产就是要让记忆复现，让过去"重新现实化"的过程。

从结构上来看，乡村记忆可以分为三个方面——器物记忆、制度记忆与观念记忆。器物记忆是人们通过自己的主体能力构造

---

❶ 丁华东. 论社会记忆再生产的基本结构 [J]. 思想战线，2019，45（02）：121-128.

的物质性产物。在现代社会，社会记忆的器物层包含两类：第一类是人们通过主体力量对自然界影响形成的农业景观，第二类是人们借助工业力量形成的工艺景观。制度记忆是指人类在社会生活及人际交往时形成的制度化产物，本质是人们交往的行为规范，社会规范、文化习惯等都属于此类。观念记忆包含着人们在日常交往中形成的文化心理、价值观念、社会意识等内容。❶本章以 T 村在文旅产业建设中的记忆实践为分析材料，从器物层面、制度层面与观念层面对文旅资本下乡中的乡村记忆唤起过程进行讨论。器物层面表现为乡村生态与建筑景观的改造，其搭建了乡村记忆场域；制度层面表现为乡村传统晒谱仪式的复兴，这既是乡村传统制度复苏的体现，也是村庄社会交往恢复的结果；观念层面则表现为乡村社会交往的强化和复现，这主要反映在经由文旅资本的介入和数字技术的进步，乡村成员间的社会交往得到加强，乡村交往记忆也借此强化，这有助于乡村记忆的延续。

第一节　乡村生态与建筑景观的改造

乡村记忆的再生产首要的是对记忆的挖掘与唤起，空间、景观与仪式等都可以让沉寂的记忆得以澄显。约翰·拉斯金指出，

---

❶ 孙德忠 . 社会记忆论 [M]. 武汉：湖北人民出版社，2006：30.

"没有建筑，我们可以生存，但没法记忆"[1]；D. 洛温塔尔则认为，"往日必然存在于现在的景观之中，而往日景观提供了文化连续性"[2]。地方特色建筑作为乡村记忆的重要载体，对特定群体发挥着一种不变的界定和延续作用，因为"建筑除满足人们遮风避雨等基本需求外，还提高了其他'非生存必需'的'无用'技能；它表达了精神上的愉悦、公众的号召力或者宗教的象征，等等，即具有一种需要被赋予精神上或者情感上的特质"[3]。

时间与空间历来是记忆的核心要素。社会记忆需要地点并趋向于空间化，一方面是因为集体需要特定的场所来团聚与交流，另一方面地点本身也是集体认同的象征，是记忆赖以存在的空间框架。换言之，空间并非只是社会活动的容器，而是建立在物质空间基础上人类各种社会行为构成的关系空间。物质空间是现实而具象的地理空间，同时也可以成为乡村记忆的"记忆之场"。人类通过社会实践活动就能够改造物质空间。段义孚指出，人文地理学使用空间和地方的概念研究人类与自然界、人类与地理行为之间的关系，以及人和地方感。[4]他强调乡村空间的整体结构，绝非简单对物质空间进行标记，而是一种具有地方特征和地方记

---

[1] 房静静. 空间变迁与记忆建构 [D]. 天津：南开大学，2018.

[2] 李凡，朱竑，黄维. 从地理学视角看城市历史文化景观集体记忆的研究 [J]. 人文地理，2010，25（04）：60-66.

[3] 罗斯金. 建筑的七盏明灯 [M]. 谷意，译. 济南：山东画报出版社，2012：34.

[4] 段义孚. 空间与地方：经验的视角 [M]. 北京：中国人民大学出版社，2017：4.

忆的景观。人的意念、感知和记忆需投射到地方空间，并被赋予
意义和秩序。

　　在文旅资本入乡之前，T村作为传统小村庄遵循着聚居的原
则。同其他大部分乡村一样，其交通闭塞，整个行政村的全域范
围内基本没有完整的通村公路，大多数为渣石路、土路与路面狭
窄的乡道；春夏雨季大量降水之时，雨水夹杂着泥沙而下，容易
导致村内的池塘淤积，河道堵塞，极易引发小规模洪水。村里的
河塘要么干枯断流，要么被雨水淹没；家禽粪便随处可见，村民
门口摆放着杂物，整体环境显得十分凌乱。此外，大部分村民因
子辈教育问题或长辈就医问题选择在市区购房，或搬迁至更接近
马路的乡村，或直接远离家乡外出务工，导致乡村人口总数下
降，仅留下部分老年人留守乡村。

　　在文旅资本入场后，政府对乡村空间进行了统一管理，下乡
企业进入乡村场域，成为乡村物质空间的实际使用者，进行乡村
景观与记忆空间的制作。在村民担当乡村空间的使用主体时，村
庄呈现的是原始的乡村风貌，他们基于乡土化生产生活的逻辑进
行空间使用。文旅资本作为乡村空间使用主体后，必然要在乡土
逻辑之外增加符合市场逻辑的因素。因此，为了实现景观再造，
就必然在一定程度上改变原有的社会景观，构建具有市场价值与
记忆价值的记忆之场，具体表现为乡村生态景观的本真化改造与
呈现及以乡土建筑景观为载体的空间叙事。

一、乡村生态景观的本真化改造与呈现

景观常常被人们称为"记忆仓储",景观与记忆之间是相互塑造的。景观是客观存在和人类主观意识的结合,常常因为主体记忆的不同而呈现一些不同的特征,如动态性和可选择性。景观与记忆能够相互作用,塑造出地方的文化特征,继而使人们形成对地方的认同感。❶ 在全国文化旅游产业飞速发展的今天,乡村文化旅游已成为一种主流的旅行方式。人们来到乡村往往是为了获得情感的释放与心灵的慰藉。相对城市文明而言,乡村社会更贴近自然与生活。乡村生态景观不仅包含自然景观,还涵盖经济景观,如能源、交通、基础设施与土地利用等内容。

下乡资本来到 T 村后,首要的是对村庄的整体人居环境作出调整。乡村路网是乡村空间结构的基本骨架,它不仅承担着村庄内外的交通与联系,而且承担着一定的景观功能。当前,T 村虽然保持着行政村的形态,但其内里是一个融入新产业元素和新生活方式的乡村。因此,地方政府按照"干道成网、环网相连、节点畅通"的基本原则对 T 村道路系统进行了重新规划和系统改造,对 T 村范围内的大小道路进行了全面规划与建设,完成了村村通路网工程,设置了交通主干道、次干道、乡间道、游步道等

---

❶ 黄维,李凡,朱竑.从地理学视角看城市历史文化景观集体记忆的研究 [J].人文地理,2010,25(4):60-66.

系列道路，实现了柏油路进村、水泥路进户的目标。其中，T村新修建的村庄柏油路已有 4 条，总里程达 19.6 千米，总投资在 2 亿元以上。除却进村主干道，村庄内部的道路并没有比照城市道路进行修建，而是按照乡村传统道路修建办法，保证让两辆车能够双向交会通车即可，主要采用石块和青砖等乡土化、生态型的材料进行铺设，并增加花草灌木以增强乡野意趣。当地政府还利用 T 村山上废弃的石头在道路两旁路肩培土，形成了左右各宽 80 厘米的辅道，让村庄的道路建设与自然景观相得益彰。

T 村退休干部 CBX 提到，下乡资本给村庄带来的最直接的好处就是解决了乡村道路问题。

　　搞旅游之前，我们这个村很穷，最开始就只有土路，后来搞了一条水泥路，特别窄，小板车、自行车能走。后来到 1996 年，我们就从半汤修了一条到倪黄的路，那时候穷啊，都还是凑钱修了一条沙石子路，所以骑车子（骑自行车）能走了。2003 年的时候，我们从温泉山庄往上搞了一条两米宽、六七里长的水泥路。当时是乡村路网工程，修这个路要花不少钱。2015 年，他们（旅游开发企业）准备过来的时候才修好路。（男，74 岁，T 村退休干部，2022 年 7 月，T 村农家乐饭店）

当前，T村已经实现全域内车辆可达的目标，道路干净又平整，这极大地提升了T村的发展潜力和可塑性。在基础设施完备后，乡村生态景观的改造与建设便按照下乡资本规划和设计的方式展开了。

下乡资本在对文旅产业的设计中指出，T村必须坚守地方特色，避免成为商业化的假乡村。"不砍树、不拆房"是T村乡村重建的理念，也是维持其乡村性的重要保障。同时，做到尊重乡村自然风貌，根据村庄本身的特点进行设计，努力改造并维护好丰富的自然景观。为此，下乡企业在接手耕地与林地等土地资源后，主要做了以下五点工作：一是重构村庄水系，建立地区多塘体系；二是净化村庄环境，清理村庄水体与垃圾污染源；三是修整土地，打造边界清晰的耕地；四是实行轮片区休耕政策，恢复土壤肥力；五是还原本土植物，种植本地植被与花草，恢复村庄自然生态。经过一番系统性处理，T村一改往日破瓦残垣的景象，展现出清新自然的生态景象。对于土地的利用，下乡企业作出了不同的安排。在肥沃的土地上种植粮食与经济作物，在相对贫瘠的土地上种植一些油菜、土豆、红薯、花生之类的作物，前者用于真正的种植和收获，而后者兼任着风景和农事体验道具的角色。

以村庄水系景观为例，田园牧歌与小桥流水是乡村常有的意象，包含河流、水渠、水塘、水井、水车、护坡、拦水坝等在内的水体景观都是乡村景观的重要元素。T村位于山麓，是一个多塘多水的村庄。在各个自然村中，分布着大大小小的水塘，这些水塘既提供了生活用水，也具有农业灌溉的功能。在企业入村之前，T村的水塘自然分布，容易受到气候环境的影响：降雨量大则容易发生洪涝，而一旦连续高温则会因为水塘容量小、易蒸发而出现旱灾。企业入村后在对村庄环境修复时，首要的是对村庄原有水系进行重新规划设计与调整改造。一是根据不同水环境和使用功能情况，采用当地常见材料，改善并适当增加了水利便民构筑物，如西瓜村外的木质临水平台，以及不同形态的水上汀步和木质小桥；二是维修和增补农田灌溉设施；三是因地制宜增加休闲游赏设施，如在临水区域设置亲水平台、观赏木栈道、观景亭、垂钓台等。建立村庄独有的多塘链接体系，着力打造符合中国传统山水园林审美的水系。截至2016年，T村新建或疏浚河塘130余口，其中核心村内部有76口；疏浚改造河渠30多千米，其中位于核心村内部的有3条，总里程达到6.5千米。在这些河渠中，沿着徒步道的河床共2条，长约4.5千米；沿着游步道河床共1条，约2千米。T村在对水系改造的过程中，还修整了水系的排灌渠道，增强对水系的使用。此外，水系景观具有连接两岸、引导游客、点缀水面景观的作用，因此，村庄在对水系的疏通和整治中，也在村内与村外依照水系自身走势打造了良好的水文景观，以更好地服务于乡村旅游的景点线路。

下乡企业的营销部负责人 XZF 在访谈中多次提及 T 村的生态景观让人体会到现代与乡村的结合，呈现令人难忘的村庄面貌。

从南瓜村的村头一进来，你会有一种奇妙的感觉，你又像是在村里，又像是在景区，一种又现代又怀旧的情绪涌上心头。路是顺畅的，水塘是干净的，环境是极其美的，房子、老物件、布局都挺像我们小时候所用所见的，但又不是印象中的村里，因为这里更干净，更有艺术感。其实来玩的人，都是想找一种感觉才会来到乡村。T 村这个地方很好，它把这村里大部分的民房啊、围墙啊什么的都保留下来了，给人的感觉就是：这地方就是农村。到乡村来玩，很多时候就是体验乡村的那种乡愁，或者说是乡村的原汁原味儿的东西。（男，38 岁，下乡企业营销部负责人，2022 年 6 月，T 村青年客栈）

T 村对生态景观的本真化改造远不止此，一切改造的目的都在于恢复村庄生态，营造本原和纯真的自然环境，为乡村记忆的呈现铺设环境基础并提供场景符号。乡村的过去寄存在现在的景观中，因而景观既是现实的客观存在，也是记忆主体所形成的主观映像，能为踏入这一空间的个体构造记忆提供文化连续性，即

"景观与记忆的相互作用，塑造了地方的文化特征，形成了地方的认同感" ❶。

二、以乡土建筑景观为载体的空间叙事

乡村聚居形态通常由乡土建筑集合而成，与环境和文化存在着紧密的联系。❷ 北京的四合院与陕西的窑洞等地方特色建筑印证了建筑景观能够与记忆相互作用，从而塑造地方的文化特征，主体形成对地方的认同感。❸ 乡村传统建筑是一种可以使人感触良多的文化之根，"寻根"情怀往往就反映在对现存的传统建筑的热爱之中。记忆能够使纯粹的物理空间转变为具有社会意义的场所，普通民宅尤其是具有地方特色的民宅能激发起有关群体认同的记忆 ❹，因此具有某种意义的建筑物往往会被挑选出来，并被刻意强调它所具有的某种可以被群体认同的具有象征意义的一面，从而通过不断重复来激活其被创造出来的历史连续性，即

❶ DOMINGUES J M. Critical Theory and Political Modernity [M]. Cham：Palgrave Macmillan，2019.

❷ 海德格尔. 存在与时间 [M]. 陈嘉映，王庆节，译. 北京：生活·读书·新知三联书店，2006：20.

❸ 贝文. 记忆的毁灭：战争中的建筑 [M]. 魏欣，译. 北京：生活·读书·新知三联书店，2010：220.

❹ 袁同凯，房静静. 空间文化与博物馆：古村落历史记忆建构逻辑——以山东雄崖所村为例 [J]. 河北学刊，2018，38（05）：169-174.

"景观与记忆的相互作用，塑造了地方的文化特征，形成了地方的认同感"❶。

受个体家庭经济水平因素的影响，在下乡企业进入乡村之前，T村范围内的民居建筑风格不一，最古旧的房屋保留着茅草土坯房的简易风格。以年代来划分，T村的建筑类型可分为1950年之前的建筑、1950—1970年的建筑、1970—1999年的建筑，以及2000年后的建筑。具体而言，可分为草屋房、瓦屋房、平顶房与乡村式楼房四种类型。草屋房最为陈旧，也最为少见，往往是土坯架构；瓦屋房最为常见，房屋屋顶由灰色布瓦或红色机瓦构成，分为土墙木混结构、砖木混结构与土砖木混结构类型；平顶房则使用钢筋混凝土预制构件代替瓦片置于屋顶，有时甚至有双层平顶房；乡村式楼房出现最晚，与城市楼房形制接近，多采用砖木混合结构建设。T村位于江淮丘陵南部地区，既受到徽文化的影响，也具有江淮文化特色，反映在建筑层面，则是当地建筑既非白面马头墙的徽派建筑风格，也非江南小桥流水建筑风貌，而是二者的综合体。例如，房屋建筑色彩偏红灰色；建筑墙体以青砖为主，墙体外面没有涂层，即"外面见砖不见木，内部见木不见砖"；房屋大门多为罩式，没有更多的装饰。T村的村居建筑以独门独户的农家小院为主，即使是土坯草屋，也会在门

❶ 黄维，李凡，朱竑. 从地理学视角看城市历史文化景观集体记忆的研究[J]. 人文地理，2010，25（4）：60-66.

前围上栅栏以明确界限范围。

近年来，我国各地启动了多项承载着"乡愁""乡情"的乡村记忆工程，通过多元记忆主体唤醒、传承与更新新时代乡村记忆与文化。例如，山东乡村记忆工程曾提出，在文化遗产和文化底蕴深厚的乡村和社区，因地制宜建设民俗生态博物馆、社区博物馆、乡村博物馆，收集和展览富有地域特色、活态文化特色和群体记忆元素的文化遗产，包括乡土建筑、街区遗产、农业遗产、农业生产劳作工艺、服饰、民间风俗礼仪、节庆习俗等，实现对乡村记忆的系统性保护。❶❷虽然 T 村并非历史和文化底蕴深厚的传统古村落，但其地方特有的文化记忆也蕴含着丰富的能量。尽管 T 村位于安徽省，但皖南徽文化并不是 T 村的主流文化，村庄里的本土建筑具有江淮地区的建筑风格和建筑形制。下乡资本在对村庄原始建筑改造期间，在整体颜色的选择方面，并未采用徽派建筑常见的青白色，而是选择了贴近本地区建筑特征的颜色。因而，建设完成后的 T 村，乡土建筑风格统一，颜色协调，契合了村庄的本土特色。

T 村以乡土建筑为载体的景观建设，是下乡企业依托本地地

---

❶ 山东省组织实施"乡村记忆工程"有关情况新闻发布会 [EB/OL].（2014-02-13）[2023-12-20]. http://www.scio.gov.cn/ztk/dtzt/2014/32252/32261/32291/Document/1390372/1390372.htm.

❷ 山东：启动"乡村记忆工程"EB/OL.（2014-02-13）[2024-01-01]. http://theory.people.com.cn/n/2014/0213/c107503-24341509.html.

理环境，以自然与和谐的环境美学作为指导，对旧有民居进行筛选，最大限度保留原有建筑，并将它们纳入成体系的 T 村整体建筑场的过程。极限利用所在空间场地环境中的建筑景观与植物景观，营造一种出尘脱俗和闲适愉悦的乡村景观氛围是其内核。总体而言，T 村的乡土建筑改造主要分为两个板块：一是对乡村民居的改造，二是对乡村景观建筑的改造。

对乡村民居的改造成果包括饱含历史与典故的"两间半"老屋、旧房改造的"双创基地"与"青年客栈"，以及改制成传统手工作坊和商业建筑的各类旧房等。例如，T 村最为常见的民居改造形式是农家小院，其典型代表是"半汤书院"与"山里邻居"，通过对"虚空"的建筑构造——设置镂空的窗借景，使小院与外部景观相连，进而借用外部声音、光影甚至气味等实现记忆环境的设置。对于"老房子"的改造也充分遵循乡村历史，如村里的"电商客厅"展示中心，原来是 20 世纪 60 年代的生产厂房，这里既能展现建筑自身的历史感，唤醒昔日集体记忆，也在村庄的现实发展中发挥作用。再如现在的"两间半"宾馆，曾经只是一处年久失修的院落，因其中建有本地特色的建筑——风水门而得到关注。下乡企业将房屋整体维修，结合整体规划加以改造，并将重点"半屋"按原样修复。在宾馆营业后，"两间半"老屋的后人还带着自己的朋友前来参观。

他（老屋后人）当时很意外，完全没有想到他家的房子还能原原本本在这里，而且修得这么好看。他本来就是在外面买房子住，很久没回来了，包括我们建设这几年也没回来。他说自己靠着记忆就摸回来了，哪间房、哪间房都还在，包括他们家最重要的那半间屋还在。他太意外了，也很高兴，拍了好多张照片发到了他们家庭群里。❶（男，43 岁，下乡企业社长，2022 年 7 月，T 村青年客栈）

T 村退休干部亲历了资本进驻村庄及系统改造村庄的全部过程。在谈及 T 村规划改造时，他十分强调下乡企业在进行环境和建筑改造时对地方特色的保留。

在做开发的时候，那个开发公司的老板一直在我们村子里考察，了解我们村的历史和习俗……他在设计的时候都是按照我们这边习惯来，后面我那个房子就成了"老书记办公室"，还成了一个景点，你说有意思吧。（男，74 岁，T 村退休干部，2022 年 7 月，T 村农家乐饭店）

T 村的乡土景观建筑不仅包括民居本身，还包括供游人欣赏与休憩的各类建筑物，它们承载着 T 村的生活方式、文化品位与

---

❶ T 村房屋由当地政府集体征收，按搬迁政策给予一定面积的安置房，产权归当地政府所有。

地域特色。T村的景观建筑可分为四类：第一类是村口景观建筑，这是T村景观环境的"脸面"，包括许多具有形象标识功能的建筑物，体现"标识导向系统"的设计与改造，如"农旅小镇"竖牌、"南瓜村"大石头、各类旗帜等。第二类是道路交通景观建筑，如由村口逐渐深入村庄内部沿途的花架、景观廊等，它们是组织景观，是分隔空间、增进景观层次感的关键手段。第三类是乡村公共空间景观建筑。公共空间是指乡村场域中供村民日常生产生活、户外交流和社会生活公共使用的开放性空间，也是村民日常生活交往的重要场所和社交中心。例如，老村委会主任办公室就是由原先T村的大队部改建的，牛棚广场由村庄之前的荒地搭建，打谷场由村庄原来的粮食晒场改建而成。第四类是反映村庄文化与记忆的特色建筑，如二十四节气博物馆、文化小院、有巢氏祠堂，以及依据江淮建筑风格保留的红砖绿瓦建筑和低矮院墙。

开发公司主要负责房子和周边摆设的设计，有图纸的我们就要按照图纸好好做，但是像院墙和门口花园、菜地这样的地方，就没有细致的图纸，他们一般就告诉我们大概需要达到什么样的效果，具体怎么设计都是放手让我们自由发挥的，等于我们可以用以前给村里人盖房子的经验来做这些事。而且你看，现在这些矮墙上的砖瓦土坯全部都是从以前村里房子上卸下来的，完全可以算得上原汁原味的老T村。

（男，47 岁，汤山徐村民，T 村泥瓦匠，2022 年 7 月，T 村
农家乐饭店）

为了增强乡土建筑景观的本土特色，在乡土建筑改造工程的
具体施工环节，下乡企业作出以下规划：由外部第三方公司负责
画图与设计，一些大项目由外面的施工队完成，普通难度的改造
交给村里的泥瓦匠。这一方面是因为 T 村泥瓦匠多，就近招工成
本较低；另一方面是因为村庄旅游发展要为本村村民造福，为村
民提供更多就业机会。

第二节　乡村晒谱仪式的复兴与操演

乡村记忆包含了从村民的共同生活体验中生成的价值观念和
思想形态，并形塑着支配村民行动的思维方式和价值取向，是乡
村共同体的黏合剂和文化遗产。[1] 乡村记忆生发于乡村文化和乡
村社会框架之下，具有凝聚乡村群体共识、强化村庄内部认同和
为村民提供心理安慰的功能。它由村民的生产生活实践和村庄历
史与神话故事交织互构而成，与村民的生活体验世代叠加，最终
成为支配村民行动、维护乡村社会秩序的一种力量。如果失去了

---

[1] 郑杭生，张亚鹏.社会记忆与乡村的再发现——华北侯村的调查 [J].社会学评论，
2015，3（01）：16-23.

乡村记忆，那么乡村基本生产生活秩序将难以为继，因为不同时代和不同辈分的人群链接着共同的乡村记忆，一旦记忆丢失，那么不同时代和不同辈分的人群将会失去对话前提和知识基础。❶乡村记忆的再生产既是对乡村记忆的复现，也是刺激记忆发挥作用的过程。通过社会记忆系统，乡土社会的过去得以重构，乡村本身也获得了绵延不绝的发展动力。T村晒谱仪式，是村庄由来已久的传统仪式，是乡村村民加强群体认同的重要仪式，也是村民线下交往的重要渠道，它的复兴是乡村记忆唤起的表现之一。

> 我们这边同姓的家族，一般都会设一个祠堂，大事都在里面办，不过现在祠堂不是很重要了。有祠堂嘛，自然就有家谱。我们这里的同姓家族内部，各家有各家的家谱。比如说黄姓可能有十套家谱，每一套都有自己的执谱人。我们这边每年都会下梅雨，所以纸质的家谱容易上霉，晒一晒的话就可以避免损坏。因此，每年的六月初六，每家都要把家谱拿到太阳下面晒上一整天，这个仪式整个家族中的男性都要参加，只能是男性，女性是不参加的。一个姓氏的单独组织，其他姓氏不能参与进来。整个家族中的男性，不管你是在村里的，还是在村外的，哪怕你在北京、在上海，你也要

---

❶ 贺雪峰. 村庄精英与社区记忆：理解村庄性质的二维框架[J]. 社会科学辑刊，2000（04）：34-40.

争取回来参加。这天是允许大家翻阅家谱查资料的一天，不过不能直接用手触碰，必须用筷子轻轻地夹着翻页。这个仪式一直延续到今天，还会有很多人参加。这几年甚至比往年还要热闹，还要隆重，每个家族回来的人都更多了。我觉得可能因为：一是我们国家现在很重视传统节日，六月初六日子也好，外地的一些人就会考虑回老家一趟，或者出来办事情正好能赶上这个时间，就回老家来参加"晒谱"。二是因为现在村里的名声打出去了，大家对自己是 T 村人的身份很认可，还是愿意回来看看。（男，42 岁，T 村党支部书记，2022 年 7 月，T 村党群服务中心）

研究仪式的学者认为，在参与者定期和反复操演的身体实践中，康纳顿所定义的习惯记忆将会逐步积淀下来。仪式的影响不仅限于仪式所在的场合，而且还具有强烈的渗透性，能够将价值与意义都灌输在参与者的日常生活实践之中。T 村党支部书记 HSJ 在谈到文旅资本下乡后的村庄变迁时，重点谈到了地区传统仪式"晒谱"的复兴和壮大。晒谱，顾名思义就是在太阳下晾晒各姓氏家谱。这一活动是每个姓氏家族都会举办的重要仪式，也是村庄里极为重要的传统仪式，许多族里的大事都是在晒谱当天商讨完成的。但自从多数村民外出务工后，晒谱往往只由留守村庄的中老年人或在本地谋生的年轻人参加，加之执谱人年龄的增加，晒谱仪式一度形式化。但在 T 村的旅游项目开发完成后，随着村庄知名度的提升，村民们通过微信群增强了彼此之间的联系，尤其是年轻人之间的情感互动也更多了，最终体现在对晒谱仪式的积极响应中。

村民们在晒谱当天相聚，一方面是对晒谱仪式的操演和完成，另一方面也能在面对面的交往中加强沟通，强化彼此的情感与共识。据介绍，现在每一年的六月初六，每个姓氏家族雷打不动地举办晒谱仪式，村民们都积极参加，认为这是同姓成员们极其重大的活动，既能够与同宗同源的亲友相聚，也增强了家族情感与身份认同。

> 倪姓与黄姓各自有家谱，这个谱不是随便给你来看的，都保存在各自的族长家里。大家族每年呢，就是在农历的六月六这一天开放，可以给家族人看。看的时候要注意，不要用手指头去翻，是用筷子来翻看，防止你把家谱弄脏了、弄烂了。家谱用纸比较金贵，不能用手去碰，怕污染了它。（男，66 岁，倪黄村村民，小学退休教师，2022 年 7 月，T 村农家乐饭店）

> 早年我都在外地发展的，像苏州啊无锡啊我常待，为了讨生活嘛。那时候出去了，除了个别人有手机能打电话，其他也没什么办法联系。现在不一样了，大家都有手机，不识

字也能用微信，打视频方便得很。有了微信，我跟同姓的人感情比前些年好了，趁着晒谱能见一面是件好事。（男，50岁，下倪村村民，景区入口保安，2022年7月，景区保安亭）

晒谱仪式是我们周边地区的特色活动，是家族里面叙叙旧维持感情的重要场合，一般上了年纪的人都会参加。你看像我们这辈，到我儿子这辈都是比较重视的，现在年轻人有的不太重视了，不过这些年村里发展得好，年轻人回来的多，这个情况就好一些。主要是雷打不动的（晒谱）时间，每年也不会变化，正好是小孩子暑假里头，虽然大人会到这到那去上班，总还是要带小孩回乡看看的。另外就是，虽然现在大家不像之前住在村里那么近，但是哪家有个红白喜事，需要人去帮忙，同姓的人还是会很认真去做，你帮帮他，等到你忙的时候，他也会来帮帮你。（男，42岁，T村党支部书记，2022年7月，T村党群服务中心）

各家族晒谱都在同一天，外出发展的村民集中返乡，增进了村庄同辈群体的在场交往。尽管外出村民大部分时间无法相见，但微信群聊社交平台与抖音短视频平台的跨时空交往也推动着村民的社会联系，这在一定程度上加强了村民群体的身份认同。归根结底，"晒谱"作为重要的乡村传统仪式，是典型的乡村记忆形式。"晒谱"仪式的复兴，确定的时间、固定的操作方式、同样的意义生成，强化了村民的乡村记忆，维系与巩固了村民对乡村共同体的认同。

第三节　乡村社会交往的强化与复现

扬·阿斯曼将社会记忆分为"交往记忆"与"文化记忆"，前者是人们与同时代的人共同拥有的回忆，以个体历史作为内容来源，存在于个体和群体的互动实践中。这种记忆产生于集体之中，随着其承载者的产生和消失，因而大约延续八十年到一百年，约三四代人的时间。[1] 交往记忆是一种非正式的、自然发展的、通过与他人交往而产生的、以日常生活为表现形式的记忆。它存在于人的记忆之中，以亲身经历和他人转述为主要记忆中介，其最大特色是高度的非专业性、角色交互性和无组织性。人们往往是在社会之中才能获得自身的记忆，同时，记忆的识别、定位和传递工作也必须在社会中才能实现。[2] 因此，适当的社会交往对于社会记忆的唤起与保存至关重要。人们在与他人的交往中相互刺激，相互唤起，帮助他人进行记忆。换言之，社会记忆扎根于实践交往活动之中，它在普遍的社会交往中才能更好地保

---

[1] 阿斯曼. 文化记忆 [M]. 金寿福，黄晓晨，译. 北京：北京大学出版社，2015：41.

[2] 哈布瓦赫. 论集体记忆 [M]. 郭金华，毕然，译. 上海：上海人民出版社，2002：68-69.

存、传播与更新。

　　康纳顿指出，社会秩序需要有共同记忆加以支撑，过去的作用往往是使现在的秩序合法与合理。❶ 在传统乡村社会中存在着大量的公共空间，可以让村民相聚在此进行社会交往并由此形成乡村公共记忆。然而，现代性的侵入，使村庄陷入原子化的困境，村庄公共空间逐步衰落。如今，数字技术的进步突破了传统社会中时空距离对人们交往的阻碍，使人们走进了交往更为便捷的网络空间。基于社交媒体而实现的缺场交往推动村庄整体交往实践转向了数字化和"时空分离"。❷ 记忆不是虚无缥缈的，而是蕴含在各种类型的记忆载体之中。在大部分情况下，记忆可以通过文化形式，如文本、仪式、纪念碑等，以及机构化的交流，如背诵、实践、观察等而得到延续。❸ 韦尔策指出，社会记忆存在四种重要的传播和承载媒介，即互动、文字记载、图片与空间，其中互动包含着记忆主体间的交往与沟通实践。乡村记忆作为乡村社会的特定记忆，也必须经由丰富的记忆载体得以再现。因此，将乡村社会交往记忆进行载体化呈现的关键就是寻找乡村记忆的"固定点"。乡村公共空间就是一个关键的"固定点"，

❶ 康纳顿. 社会如何记忆 [M]. 纳日碧力戈，译. 上海：上海人民出版社，2000：3.

❷ 郑素侠，杨家明. 云端的连接：信息传播技术与乡村社会的"重新部落化" [J]. 现代传播（中国传媒大学学报），2021，43（05）：20-26.

❸ 诺拉. 记忆之场：法国国民意识的文化社会史 [M]. 黄艳红，译. 南京：南京大学出版社，2020：46.

是群体进行交流的丰富语义空间，也是进行村务管理和决策的空间。而在网络技术与数字化技术日新月异的今天，人与人之间的社会互动从面对面的社会情境延伸至面对电子屏幕的数字空间，社会空间的内涵也在不断更新。

T村社会交往的强化主要表现在两个方面。一方面，大批村民回到T村工作，生产空间的高度重叠，使村民们无论在工作还是在生活方面都加强了彼此之间的面对面交往。村民们返村后的工作大致可以分为以下几类：一是从事餐饮、保安、保洁、销售、前台等旅游服务工作；二是从事农地耕种与苗木护理等农事工作，在各类种植与养殖合作社成为雇佣农民；三是发挥村民原先的技能特长，在乡村景观与建筑改造中从事木工、瓦工、油漆工等建筑类工作；四是自主创业，如租赁房屋、自主开展餐饮和民宿等旅游服务业、经营果园和种植采摘园，或是从事电商创业。总体而言，因为文旅产业发展而回到村庄寻求生计的村民，多数都获得了工作机会，其中不乏一些大学生返乡创业，这为乡村社会交往的加强提供了空间和时间上的可能。

> 企业确实带动了我们村里的就业，这是必须要承认的。第一个是很多60岁以上的老人也能有活干，基本都是在做保洁，就是清洁工。第二个呢，就是保安，现在（村庄）建设成了景区，需要不少保安，所以村里很多40岁、50岁的

男的就能有活干。第三个是服务员，我们这边开了很多客栈、民宿、农家土菜馆之类的，他们都需要服务员，这就解决了我们村女同志的就业了。再一个，就是木工、油漆工、瓦工等有一定技术的人也能找到事做。像以前的话，我们村里这些工人都是到江浙地区去打工，甚至还有去新疆的。现在有一些人是回乡创业的，包括大学生毕业以后回来做电商的，还有回来开农家乐的，比如我们村口的 EKT 土菜馆，他们原先是在巢湖市区的，但是发展旅游之后，人家就把店面都迁回来了，成本低、收入高，每年几十万元的营收都是有的。（男，42 岁，T 村党支部书记，2022 年 7 月，T 村党群服务中心）

另一方面，微信群聊与抖音短视频平台的推广和流行，以及它们与现实交往的高度相关帮助村民将线下的社会关系网络复刻到了线上平台，人们能够在网络空间进行交流，缩短了村民的社交距离和心理距离。在文旅资本下乡的初始时期，由于搬迁，T村的公共空间发展受到影响。然而，数字网络已经深入社会生活的每个角落，为大家开辟了广袤无垠的线上网络空间，快速的信息交流增强了网络空间的内容密度和联系程度❶，这既为离村发展

---

❶ 刘少杰.网络社会的结构变迁与演化趋势 [M].北京：中国人民大学出版社，2019：总序.

的村民与家乡亲朋建立即时联系、进行线上突破时空障碍的交往提供了可能，也为搬迁的村民重组社会关系、构建社会网络创造了条件。

换言之，微信群聊与短视频的社交嵌入为村庄构建了线上公共空间。村民在进行整体搬迁后，以自然村为单位设立和运营的微信群能够依靠村民之间的信任将分散在不同空间中的村民通过虚拟在场的方式重新聚合起来。村民在微信群的交往实践中创造了村庄公共空间，现实的互动关系往往在网络空间中得以复刻。通过互联网，村民能够跨越时空在线上空间参与乡村公共事务、介入乡村公共舆论、传承乡村传统习俗。乡村群体成员之间逐步增强了情感互动与时空对话，在对乡村记忆的回溯中获得了情感与身份认同，进而形成了巩固与维系乡村共同体认同的价值观念。这为乡村公共空间与乡村共同体再造提供了新的可能。同时，T村在其建设中也有意识地激活乡村主体的力量，将他们视为具有寻求发展内生动力的群体，把他们的主动性、积极性与合作性调动起来，使他们成为乡村建设带头人、乡村记忆主力军，为乡村持续稳定发展提供内生动力。❶

可以说，线上"虚拟在场"的传播实践增加了人们行动的维度，跨越了空间的距离，摆脱了场所的限制。尤其是当网络空间

---

❶ 刘少杰，林傲竿.中国乡村建设行动的路径演化与经验总结[J].社会发展研究，2021，8（02）：13-22.

和现实空间高度重合时，人们的线上交往因为有了现实的知识补充而更显价值，这有助于增强人们的社会资本，推动社会交往的发生，塑造乡村交往记忆。❶

❶ 牛耀红.社区再造：微信群与乡村秩序建构——基于公共传播分析框架[J].新闻大学，2018（05）：84-93.

第三章　文旅资本下乡中
乡村记忆的重构

　　乡村记忆的再生产始终是动态的建构过程，正是乡村记忆的不断复现使人们能够从不断发展的社会生活中吸取教训、积累生活经验，并将其应用于未来的生产生活之中，从而促进村庄的进步与发展。对乡村记忆的重构需要从记忆的多种表现形态出发，通过对不同表现形态的复制、更新、再现和传递来完成，这是乡村记忆再生产的核心内容。

　　乡村记忆凝聚了乡村场域中人群的经验知识和思想意识，附着在丰富的载体之上，表现出不同的记忆形态。本章基于 T 村在文旅产业发展中的记忆实践，对于既有乡村记忆的重构着重从口头传承记忆、体化实践记忆和器物遗迹记忆展开讨论。具体来说，本章从乡村故事等口头传承记忆的叙事化重构、农耕农事等体化实践记忆的具身传递、民俗节庆与传统仪式的制度化再现及乡村空间与乡村记忆的系统重构四个部分对 T 村的记忆重构进行讨论。

第一节 乡村故事等口头传承记忆的叙事化重构

阿斯曼指出，"回忆是一种进行符号编码的行为"❶。恩斯特·卡西尔认为，对于记忆的再现，需要将记忆内容加以组合和整理，并形成连贯的思想。❷ 因此，在社会记忆再生产中，对乡村记忆的再现与重构往往包含着对记忆的整合、表征与重塑等一系列施加影响的行为，这些行为也可称为"叙事"。叙事既是一种表达方式，人们通过叙述和阐释来讲述世界，也是一种推理方式，人们可以通过叙述来理解世界。❸ 最为重要的是，叙事在个体与世界、事物与意义之间建立起了关联。记忆关涉过去、现在与未来，因此，对于乡村记忆的重构必然需要对过往重新叙述和再度阐释。

乡村记忆本身蕴含着极其丰富的价值意蕴，任何群体都不能忘记自己的过去，真正的群体应当是一个有记忆的群体。为了不

---

❶ 阿斯曼.文化记忆 [M].金寿福，黄晓晨，译.北京：北京大学出版社，2015：73.

❷ 卡西尔.人论 [M].甘阳，译.上海：上海译文出版社，1985.

❸ 伯格.通俗文化的媒介和日常生活中的叙事 [M].姚媛，译.南京：南京大学出版社，2002：10.

遗忘，群体需要复述自己的故事，确定叙事方式，这是记忆内容再生产的深层次表现。乡村记忆是乡村文化的凝结与体现，早期往往依靠口口相传，即口头传承记忆，所以如乡村神话、乡村谚语、乡村往事、方言等都是乡村记忆的重要载体。乡村故事是村庄对于过去的回溯和整理，是通过各种媒介保存和呈现出来并被群体成员共享的回忆性知识，是乡村记忆的重要内容。记忆内容的叙事化重构，关键在于要立足现实情境。在 T 村的发展过程中，乡村记忆充分实现了在地化，立足本土特色与乡村生活，提取乡村最具地方性特征的知识，通过接纳"被记住的过去"和发扬"记忆的历史"，明确记忆主体所共享的观念、意向与知识。在 T 村的文旅产业发展中，乡村往事与地方文化被下乡企业与村民们以口述的方式有效传递。

文旅资本下乡对乡村记忆的影响，首先表现在对乡村往事与方言趣事等口口相传的内容的延续和发展上。下乡资本立足当下，对村庄流传的故事进行筛选，将 T 村的村史村志、历史典故、乡村逸事等结合现实情境的需求加以编码和改造，用以充实村庄内核。例如，T 村周边香云庵的由来、汤山及其孕育温泉和冷泉的历史演变，以及 T 村方言中的某些发音故事，都被囊括其中。下乡企业营销部负责人 XZF 表示，公司针对 T 村的历史、传说与日常故事设计了 6 套介绍词与导游词，不仅用于公司自己的对外宣传，也分享给与村庄合作的旅行社，由导游们向外讲解和传播。

对于 T 村的经典故事，村民们人人熟知并津津乐道。在访谈中，村民向笔者讲述了村里的经典故事。这些故事在当地村民记忆中有不同版本，在下乡企业进入 T 村后，一些传说、故事很快被挖掘，形成了统一的故事版本，并通过村民的口口相传和导游的讲解传播得以固化。

> 这个开发公司负责人当时在我们村里住了三个多月，除了在村里转悠看民房、看环境，就是和我们这些村里老人聊天，就想找我们村里面的老故事。我们当时就说有两个故事。一个是韩信葬母，一个是风水门，他们很快都采纳了。从心里来讲，大公司到我们这来开发旅游，我们都是很高兴的。一方面是我们村名声能打出去，周边地方都知道有个 T 村，我们很骄傲的；另一方面来讲，有他们到村里来搜集故事，很多老故事也不会跟着我们就"进棺材"了。现在情况和以前不一样了，小孩子根本不会听我们讲这些"老黄历"，讲了也不会相信。但是大公司来的话，我们还能讲几句话，人家也愿意听，我们几个老人都很高兴。（男，42 岁，T 村党支部书记，2022 年 6 月，T 村党群服务中心）

除了带有神奇色彩的故事，乡村日常生活中的逸事也是村民口头传承记忆的重要组成部分，如 T 村地区的方言故事。下乡企业的负责人初次到 T 村时，把 T 村所管辖的自然村之一东洼村听成了"冬瓜村"，导致了有趣的误会。这些乡村故事经过不断整理和编撰，通过 T 村村民、下乡企业与导游的讲解，日复一日地重复和向外传递，以此为载体的乡村记忆由此得到了刻写与固化。

此外，T 村流行的巢湖民歌、地方戏剧的日常表演也是乡村记忆的重要组成部分。民歌与地方戏剧都是地方文化的表现形式，其循环展演有助于增强村民的文化认同，也有助于戏剧和民歌本身的延续和发展。2015 年后，下乡企业入驻村庄后，经常在村庄大舞台组织地方戏剧的演出，内容以庐剧、黄梅戏和本地民歌为主。同时，下乡企业还不定期举办乡村民歌大赛，邀请村民积极参与和展示歌喉。T 村所辖徐村的村民 XDZ 在访谈中表示，她很喜欢这些活动，每次有演出的时候，她都会去听，有时村里的熟人也会相约一起过去。

> 只要有表演，我能去的话我就去，有的唱得好听，有的就不一定。我最喜欢听民歌和小庐剧，他们唱的那个庐剧我以前就听过，有时候也能跟上几句。（女，52 岁，汤山徐村村民乙，2022 年 7 月，水果店）

第二节　农耕农事等体化实践记忆的具身传递

记忆的储存与传递有多种方式，其中身体的实践往往反映着社会实践的动向，是极为有效的方式。在康纳顿看来，社会记忆的重要传输和保存方式，可以表现为身体实践与纪念仪式两个维度❶，身体实践蕴藏在习惯记忆中，表现为体化实践（incorporating）与刻写实践（inscribing）两种类型。体化实践是指人们通过自己的身体举动传达信息的行为，其范围很广，从具有神圣意义的庆典与仪式到更为日常的身体实践，如握手及其他一些人际交往行为都包含其中。刻写实践是指将信息与知识用印刷文本、影像资料、计算机等手段进行写入和储存的行为，此时信息往往是不可改变、被固定地记录下来的。

文旅资本想要将自身融入乡村，发挥村庄本土特色，实现其经济目标，需要借助乡村记忆的力量。笔者认为，在乡村记忆的重构过程中，第二个关键的内容就是对以农耕生产活动和农事劳作体验为代表的乡村体化实践进行具身传递。体化实践记忆是指以仪式和身体为存在形式，如乡村婚丧嫁娶、迎神赛会、宗教民俗、地方戏曲等仪式，以及农耕节庆、耕作方式、生活方式、乡

❶ 康纳顿.社会如何记忆[M].纳日碧力戈，译.上海：上海人民出版社，2000：2.

103

规民约、行为规范等以身体动作为载体的乡村记忆。

2019 年 10 月，T 村成功获得合肥市文化和旅游局公布的第二批研学旅游基地资格。据下乡企业营销部负责人介绍，他们设计研学活动是基于对现代旅游理念变迁的认识。他认为，走马观花式的旅游形式已然过去，当代人更需要的是能够投入其中的"沉浸式旅游"，是能够亲身体验与感受的"感受式旅游"。乡村吸引游客前来的重要原因之一就是乡村能为人们提供摸到、看到、玩到与学到的多重体验。T 村作为城郊乡村，与城市的距离适中，从市中心驱车 2 小时即可到达。因此，在获得研学旅游基地资格后，T 村以农事生产与劳作体验为表现形态的乡村记忆再生产便逐步开展起来。

> 现代人的旅游理念已经变了，不再满足于对风景只是看看，更需要去体验、去感受。如果你只是说去看看的话，那有手机就够了，各种平台的直播你看都看不过来，像黄山啊、海南啊，这些地方的直播随便打开就能看到。但是体验是不一样的，体验是要人能参与进去，能摸到、玩到、感觉到，这样他们的印象更加深刻。（男，38 岁，下乡企业营销部负责人，2022 年 7 月，T 村青年客栈）

相较于标准化的单调且枯燥的工业流水线生产活动，农事活动并没有极强的纪律性、时间性与组织性，它完全按照四时节气变化进行，是一种可调节的、自然的生产活动。在没有生计压力的前提下，诸如牵牛耕地、挖土豆、挖红薯、采桑叶、拔萝卜、掰玉米、砍甘蔗、采摘水果、采莲、插秧、收麦子、钓龙虾与捉泥鳅等较为悠闲的农事活动，十分适合作为乡村旅游的体验项目。值得注意的是，并非所有的农事活动都适合作为旅游体验活动。基于以上考虑，农事活动中的部分内容被开发出来，形成了适合游客的体验项目。游客在进行采摘与挖掘等身体操演动作后会形成属于自身的乡村记忆。具体而言，游客带着预设的乡村感知而来，进入乡村记忆场域后便会从感官层面将身体体验转换为文化上认可的形式。"市民农场""农耕研学基地""柴火灶基地"等农事体验项目能够让游客亲身参与农耕劳作，触摸到他们想象中的乡村活动。亲历事实与体验成为刺激记忆生成的最直接手段。

第三节　民俗节庆与传统仪式的制度化再现

在丰富的记忆实践中，仪式是被身体不断操演的结果。除了口头言语以外，还包含被赋予了意义的姿势、动作、手势等丰富的肢体语言。对仪式的反复操演成为社会记忆建构和传播的手段。社会记忆的再现与传播都有赖于规律性的身体行为，制度化的仪式有益于社会记忆的传承。总的来说，纪念仪式是通过身体操演来完成的，仪式的操演有一定的规则和章程，牵涉其中的内容十分复杂，做什么、什么时间做、怎么做都有详细的规定。但无论什么样的规则，归根结底仪式都是要人来参与和完成的。个体需要通过学习和记忆，熟悉仪式所要求的一系列动作，并通过这些动作将记忆进行展演，让现时的人们能够见到或感受到。身体是社会记忆最基本的中介，尽管人们习惯性认为将内容刻写下来就能实现记忆的目的，然而缺乏体化实践，刻写就在很大程度上失去了意义，甚至可能出现被扭曲、被擦除和被遗忘的情况。因此，传统仪式如果不能定期操演和制度化再现，很容易出现被遗忘、被掩藏甚至被消解的情况。

T村对乡村记忆的重构，表现为对乡村民俗节庆与传统仪式的制度化再现和操演。具体而言，其内容包括地方戏剧演出、手工作坊展演、季节性的农事展演，以及"二月春风放纸鸢""五月端午包粽子""八月十五赏月圆"等传统节日的民俗活动展示等，这些都是乡村记忆重构的重要内容。

第一，复兴乡村原有民俗活动，如丰收长桌宴、赶集、摸秋等传统节庆活动，并定期组织花灯、庐剧、黄梅戏等民俗戏剧表演。据下乡企业员工LM介绍，T村每个月都会举办文化活动，如果当月有传统节日的则以节庆为主题，以对应的民俗仪式为主要形式展开；如果当月没有固定的传统节日，则以接近时段内的乡村生活或农业耕作、农事体验活动为主题。

　　T村的传统民俗活动大多在打谷场进行，包含舞龙舞狮、庐剧、黄梅戏表演、巢湖民歌、本地舞蹈表演等。除了这些表演，T村还设计了放风筝、踢毽子、滚铁环、打陀螺与投壶等童趣活动。此处列举两个例子。一是中秋节庆的摸秋活动，这是淮河流域的地方传统，原意是指在中秋节当晚，人们悄悄结伴去别人家瓜园菜地里摸回各种瓜果蔬菜，以庆祝丰收之喜。被"摸"的主人家不会追究，甚至还要暗中帮助来"摸"的人，在丰收时节展开一场互助互乐的体验，十分热闹。如今"摸秋"在T村已成为游客乐于体验的项目之一。尽管原意已经发生变化，但人们对于收获的喜悦和摸秋的欢乐体验是延续的。二是春节期间的耍龙灯活动。T村退休教师NXM在访谈中表示，很高兴能够再次看到这些唱杂戏的活动，因为这些都是他曾经的儿时记忆。30年前，T村与周边地区有耍龙灯的习俗。每年春节期间，各村都会筹措资金制作龙灯，村民报名排练，不仅在本村表演，还会去周边县乡巡回演出。近年来，随着村庄社会结构的改变，这些节日活动几乎消失或者流于形式。但文旅资本进入乡村后，这些活动又恢复了。

　　原先我们村是有耍龙灯和唱杂戏的，都是村里人自己组织起来的。一般从正月十三就试灯，到过小年以后（当地称正月十五为"过小年"），就出去表演，最远的还到过含山县的集镇，都是免费的。当时也不知道人怎么这么有热情，就是一股劲，后来慢慢就没有了，现在又开始做起来，这一点我特别喜欢，每次村里弄我都会去看。（男，66岁，T村退休教师，2022年7月）

第二，传统手工艺作坊与非物质文化遗产的定期展演活动。T村现有木工坊、油坊、布坊、茶坊、酒坊、陶坊、豆腐坊、竹篾坊等40余个手工艺作坊与非物质文化遗产体验场，都由下乡企业邀请民俗文化传承人来展演，并享受政策优惠。他们在景区定期进行场景再现，为游客展示传统民间手工艺，丰富了乡村记忆文化空间的内涵。各手工作坊都设置了工艺展示与产品加工体验环节。以篾坊为例，作坊内有手艺师傅当众演示如何手工编制各类作品，并在一侧安置了图纸演示与半成品操作台，游客能够按照自己的喜好选择并实践完成。以布坊为例，作坊内设有青花浸染环节，游客可将白布浸入植物染液，得到满意的成品。经历这样的身体体验，游客往往印象深刻。

这些手工作坊的老师傅，都是我们去他们当地最有特色的地方请的。比如说豆腐坊，它里面的师傅就是我们去淮南找的。所有游客只要愿意都能亲自上手去做，体验做豆腐的整个流程。一人分两把豆子，从磨豆开始，煮汁点豆腐，每个步骤都有大师傅指导。做好的豆腐还可以打包带回家。他们既体验了做豆腐的工艺，也加深了对乡村的认识。（男，43 岁，SG 公社社长，2022 年 6 月）

　　无论是村民还是游客，体验传统仪式都能够激发他们的群体认同感。乡村不仅需要用仪式来展演内心情感，也需要用仪式来表达重建乡村道德体系的愿望。❶在调研中，村民反映下乡企业不仅积极主动推出传统文化活动，还邀请村民登台演出，如汤山文艺爱好者组织农民模特队曾在打谷场的戏台上演乡村走秀。在这种由记忆与现实交织建构的记忆场域内，游客群体对乡村的文化想象和乡村场域呈现的乡村景象有机结合，构成了"象征意义体系"，将置身于其中的游客与其所处的乡村文化连接在一起。换言之，乡村记忆不仅沟通了游客与乡村现实，也清晰地展示着乡土世界的过去、现在和将来。多方记忆主体对文化空间的构建帮助乡村摆脱了原有的表达系统，将记忆与空间紧密结合起来。

---

❶ 房静静 . 中国传统村落的记忆隐喻及嬗变 [J]. 湖南社会科学，2020（04）：165-172.

第四节　乡村空间与乡村记忆的系统重构

时间、空间与个体是记忆的关键元素。[1]列斐伏尔认为，社会空间是社会的产品[2]，空间不仅属于物质实体范畴，更包含着政治、经济与文化内容，空间是与社会相互建构的。换言之，物质空间既是社会的产物也反作用于社会结构，空间的生产就是空间被权力和资本开发与改造的全过程，是社会生产关系的重组和再生产过程。当前，我国乡村发展面临新形势，乡村空间重构成为乡村研究的热点问题，乡村空间研究的社会文化转向与消费化转向逐步兴起。[3]张小林将乡村社会空间、经济空间纳入讨论，提出乡村空间系统由经济、社会、聚落三大空间结构组成。[4]此时的讨论仍然倾向于将空间作为地理环境，仅把空间当作社会、经济特征的一种映射而停留在物质范畴。

---

[1] 白洁.记忆哲学 [M].北京：中央编译出版社，2014：154.

[2] 列斐伏尔.空间的生产 [M].刘怀玉，译.北京：商务印书馆，2021：24.

[3] 袁源，张小林，李红波，等.西方国家乡村空间转型研究及其启示 [J].地理科学，2019，39（08）：1219-1227.

[4] 张小林.乡村空间系统及其演变研究：以苏南为例 [M].南京：南京师范大学出版社，1999.

国内空间研究对城市空间的探究相比于乡村更为丰富。❶空间与记忆的互动关系研究由来已久，西塞罗在《论演说家》中曾谈及以地点关联记忆的故事❷，苏格兰哲学家休谟也提出了"记忆的时空观"❸，因此空间作为承载过去的媒介，本身和记忆就紧密相关。记忆以空间为社会基础，同时空间也能唤醒记忆。❹记忆是阐释空间和地方性意义的组成部分，记忆主体在空间中能够通过叙事的方式阐释意义。例如，提姆（Edensor Tim）指出，工业遗址的记忆也是一种记忆形式，它以特殊的外观挑战着当代旅游所带来的泛滥的旅游化、商品化记忆❺，而毛兹（Azaryahu Maoz）对布痕瓦尔德集中营的重构过程研究也验证了记忆主体及其背后范式的转换❻。具体到乡村空间来说，乡村记忆空间在重建时极易受到行政力量与社会力量的影响❼，诸

---

❶ 林琳，曾永辉.城市化背景下乡村集体记忆空间的演变——以番禺旧水坑村为例[J].城市问题，2017（07）：95-103.

❷ 西塞罗.论演说家[M].王焕生，译.北京：中国政法大学出版社，2003.

❸ 白洁.记忆哲学[M].北京：中央编译出版社，2014：11.

❹ 孙逊，杨剑龙.奈保尔空间记忆的并置：都市空间与文化想象[M].上海：上海三联书店，2008：40.

❺ TIM E. The Ghosts of Industrial Ruins：Ordering and Disordering Memory in Excessive Space [J]. Environment And Planning D-Society and Space，2005（23）：829-849.

❻ MAOI A. Re-placing Memory：The Reorientation of Buchenwald [J]. Cultural Geographies，2003（10）：1-20.

❼ 陈丽.村庄集体记忆的重建——以安徽宅坦村为例[J].安徽行政学院学报，2012，3（03）：68-73.

多纪念性景观也成为空间叙事的介质，乡土特色建筑就在乡村文化记忆建构中发挥着重要作用。❶ 例如，乡村博物馆的存在正是乡村记忆的集中展演场所，为博物馆的观众提供身份认同的文化资源。❷ 陈新民等在对乡村纪录影像的记忆解读中指出，记忆通过物质空间、关系空间与意义空间三个维度实现对话和叙事。❸ 列斐伏尔为空间社会研究提供了"空间实践""空间的表征""表征的空间"三元辩证框架❹，哈布瓦赫据此提出了"乡村空间三重模型"，将乡村空间解构成为乡村的地方性、乡村的表征与乡村生活❺，实际指涉乡村的物质、文化与社会生活。乡村空间不仅包含物质空间，更包含村民等主体构想、创造与共享的文化空间。❻

空间作为承载过去与呈现现在的媒介，与记忆的联系是无法

❶ ROSE-REDWOOD R，ALDERMAN D，AZARYAHU M. Collective Memory and the Politics of Urban Space：An Introduction [J]. GeoJournal，2008（73）：161-164.

❷ 张茜，张朝枝. 乡村博物馆与代际身份认同：乡村集体记忆的保存、展示与传递 [J]. 广西民族大学学报（哲学社会科学版），2023，45（03）：114-121.

❸ 陈新民，杨超凡. 论乡村集体记忆的纪录影像叙事：主体、空间、媒介 [J]. 当代电视，2021（05）：71-75.

❹ 列斐伏尔. 空间的生产 [M]. 刘怀玉，译. 北京：商务印书馆，2021：84.

❺ HALFACREE K H. Locality and Social Representation：Space，Discourse and Alternative Definitions of the Rural [J]. Journal of Rural Studies，1993，9（1）：23-27.

❻ 胡静，谢鸿璟. 旅游驱动下乡村文化空间演变研究——基于空间生产理论 [J]. 湖北民族大学学报（哲学社会科学版），2022，40（02）：99-109.

被忽视的。对空间的历时性考察和发生于空间中人类社会行动的探究，既能展现乡村空间的变革，也能为社会记忆的研究提供一个反思性视角。学界对乡村社会、文化空间与记忆研究的关注程度在逐渐增强。李红波等创造性提出了"物质空间—社会空间—文化空间"三重空间分析框架，并强调三者层层递进，由现实空间到非现实空间、由具象空间到抽象空间过渡。❶胡静等基于"三重乡村空间模型"和乡村旅游中文化空间演变现实，从动力、过程及状态响应等方面构造了"群体共同实践—多重话语建构—主客凝视互动"的空间生产驱动机制。❷

T村社会经济的快速转型彻底改变了乡村的生产与生活方式，也改变了乡村空间形态与空间组织方式。乡村空间由原本的均质性、封闭性空间走向异质性与流动性空间。乡村记忆成为充分理解乡村空间演化与生产的重要切入点。赵静蓉认为，记忆是人类社会发展和文化建构的产物，同时也是这种建构过程的表征❸，基于社会记忆理论研究乡村记忆与乡村空间重构的关键在于从时间、空间与社会等维度讨论乡村记忆的地方识别与记忆连续性。T村在发展文旅产业时，其乡村物质空间、社会空间与文化空间

---

❶ 李红波, 胡晓亮, 张小林, 等. 乡村空间辨析 [J]. 地理科学进展, 2018, 37（05）: 591-600.

❷ 胡静, 谢鸿璟. 旅游驱动下乡村文化空间演变研究——基于空间生产理论 [J]. 湖北民族大学学报（哲学社会科学版）, 2022, 40（02）: 99-109.

❸ 赵静蓉. 文化记忆与身份认同 [M]. 北京: 生活·读书·新知三联书店, 2015: 209.

都得到了系统的重构，与此相对应，空间中的乡村记忆也随之发生了变化。

一、物质空间中的乡村记忆内容建构

乡村在进行文旅产业建设时，首先要进行的是村庄的物质性改造。本节将从更为细致的层面对乡村物质空间的转变进行展示，有以下两个方面。

第一，地方政府对 T 村村史的编修和对村史档案馆的修建，为文旅资本借用乡村记忆资源提供了翔实的资料来源和影像储备。2016 年，当地政府与村庄组织"五老"人员，即老党员、老干部、老模范、老职工、老长辈等人员编修 T 村村史档案，并筹建村史档案馆及村史展览馆。村志内容包含村庄由来、地形地貌、生计模式、生产方式、生活描述、治理结构、人口结构、风土人情、民风民俗及乡村故事等。❶编修村志与村史的行动是将记忆以文本和书面的形式加以固化和留存。村史馆是保存乡村记忆的重要载体，将村民家中留存的实物档案集中于此，并配以必要的文字解说，村史馆就能成为固态的、稳定的乡村发展记忆园。社会记忆关涉"过去"和"现在"，村史档案既是乡村记忆

---

❶ 杨同卫，苏永刚．论城镇化过程中乡村记忆的保护与保存 [J]．山东社会科学，2014（01）：68-71．

的建构性资源，也是乡村记忆的建构性行为和结果，同时更是乡村记忆的重要储存与传播媒介。无论是作为信息传递和情况记载的文本资料，还是作为情景留影的照片或影像，都是对社会现实的记录，这既形成了记忆的实体存储，也是让记忆固化和再现的过程。

2016 年 3 月 12 日，C 区的半汤街道办事处召开了 T 村村史编纂工作会议，提出要从区旅游局、区关工委、T 村党支部抽调工作人员组成 T 村村史编纂工作组，进村入户开展调查走访活动，通过文字、摄像、摄影等技术手段将 T 村的山川地貌、人文历史、民间传说、文物古迹等汇聚成文，形成区内首部村史，并建成区内第一家村史博物馆。倪黄村退休教师 NXM 说：

> 就差不多是 2016 年嘛，我记得政府把我们叫去开会，说是要做我们村的村史。我本人十分高兴，因为我本身就喜欢写东西，也特别想把我们村的历史好好地留下来。我自己平时还写稿子投报纸，投到公众号上面去。我们当时几个人都非常认真负责的，有拍照片的，有手写的，到大姓家去看家谱，找比我们再老一点的人问，最后厚厚一沓材料，还是我送到街道办去的。（男,66 岁,倪黄村退休教师,2022 年 7 月，T 村农家乐饭店）

高校教师 LRX 在谈到 T 村时表示，她经常前往 T 村开展调研，村庄中的老人有些甚至已经认识她了，会主动打招呼并和她讲述村中的老故事。一次调研中，她偶遇村庄的"五老"人员在对老人们进行录音、录像。她说，T 村中有一些 80 岁以上的老人见证了村庄的变迁，能够很清楚地把自己的生平和村子不同时段的情况说明白，对村史的修订和乡村记忆的保存具有极大的意义。

这是一项大工程，也并没有给什么报酬，但不管是来做记录的"五老"人员，还是口述历史的高龄老人，他们都很愿意做这件事，想为村子里留下点什么。（女，49 岁，高校教师，2022 年 10 月，其办公室）

第二，地方政府与下乡资本运用"社会想象策略"为村民构建的旅游发展愿景影响了村民的乡村记忆重构。乡村在发展文旅产业时不免会对村庄进行物质性改造，T 村在面对文旅资本下乡时也产生过疑虑，经过当地政府与旅游下乡资本的动员，村民打消了犹疑的念头，政府和下乡资本为村民许下了美好的愿望，影响了部分村民的乡村记忆。

"社会想象"是社会成员对于社会运作秩序的一种设想。查尔斯·泰勒（Charles Margrave Taylor）曾提出"现代社会想象"的概念，指出人们通过想象了解外部世界、了解如何与人相处，进而通过叙事的通俗文化，帮助人们在实践与认同合法性上达成共识。❶在此基础上，希拉·贾萨诺夫（Sheila Jasanoff）与金圣贤（Sang-Hyun Kim）提出了"社会技术想象"的概念，即归属于集体所有的、公开的、稳定的未来愿景，是由对社会生活和社会秩序的理解所建构的，并让他人自愿购买。❷当地政府与下乡企业邀请 T 村村民委员会成员及 11 个自然村的小组长和村民中较有威望的人士作为村民代表，一起前往浙江、江苏、福建、重庆、河南等同类型乡村旅游地进行考察，学习当地的旅游发展模式。例如，2015 年 5 月，T 村派出的村民代表就在 C 区的组织下前往河南信阳郝堂村进行了学习和参观。正如 T 村退休干部 CBX 回忆道：

> 当时去了江苏、浙江、福建，远的还到过重庆，去看看人家旅游村是怎么做的，做得怎么样。我们出去一看，就放心了，都弄得很好。所以那时候我们就想着把他们的好方式都学来，比如村里的路怎么设计，房子怎么弄。我们这地方很好哎，你看看这附近哪有我们这么一大片地，有山有水还有温泉。我在这都干了二三十年了，那山上的树都是我那时

---

❶ TAYLOR C M. Modern Social Imaginaries [M]. Durham：Duke University Press，2004.

❷ 曹玫. 社会技术想象：科学技术人文社会学研究领域新的分析性概念工具 [J]. 国外社会科学前沿，2021（02）：53-64.

117

候组织人一起上去栽的。黄山那边，搞旅游的村子，假如你家小孩到 18 岁了，要是念书上大学了，你想到开发公司来上班，那你就能来上班，你愿意来就来，不愿意就到外面干也行。（男，74 岁，T 村党支部第二任村支部书记，2022 年 7 月，T 村农家乐饭店）

物质空间的改造是乡村记忆再生产的基础，物质空间中的记忆内容建构也是乡村记忆重构的铺垫。具体而言，村史档案的编纂为乡村记忆的重构提供了权威和稳定的资料来源，而"社会技术想象"为下乡资本进行乡村记忆生产提供了基础。

二、脱嵌与再嵌：乡村社会空间的重构

文旅资本下乡后，T 村的村域边界逐渐模糊，居住人口结构日益复杂，这影响了村民的身份认知，进而影响到他们的记忆认同。

一方面，乡村的地域边界逐渐模糊，这是结构意义上的。T 村是拥有 11 个自然村庄的行政村，曾经以土地所属为依据的自然边界十分清晰。2012 年 8 月至今，T 村已将村内土地 8000 余亩流转为集体所有，置换出 8 个村庄的房屋，涉及村民 410 户。据村民所述，所有村民家庭都按照政策获得了征地补偿款，转安置住房也交由村民居住。此时，T 村所属土地的界线不再清晰，

原先明确的自然村庄在地理位置上不复存在，同时整个行政村的外部疆域界线也发生了变动，尤其是政府与企业在进行旅游规划时将 T 村土地与周围的林地山地分区联结，以便于服务旅游业，最终导致村庄的地域边界逐渐模糊。

另一方面，乡村居住人口结构日益复杂。2010 年前后，村内的青壮年劳动力不同程度进入城市务工或经商。T 村的木工、瓦工、装修工等技术类工人，往往选择就近务工，可以实现离土不离乡的非农生产，他们依靠的依然是传统乡土社会关系。随着乡村文旅产业的发展，外来人群进入 T 村，包括下乡企业、游客、外部迁入者等，村庄居住群体变得多元。

由此可见，文旅资本为 T 村带来了较为深刻的转变，同时影响了乡村空间和乡村记忆的重构。T 村的社会空间变迁表现为生活空间和生产空间的脱嵌与再嵌。"脱嵌"是指个体逐步逃离社会规范的约束，这些规范包含系统的社会传统及由血缘带来的拘束。[1] 此处脱嵌是指 T 村居民在旅游发展中迁离村庄，远离曾经的生活空间与社会交往空间。T 村原住村民由原先几代人居住的村庄迁出，举家搬迁到安置小区，居住格局、邻里关系与社交网络等方面均发生了转变，脱离了原有的社会环境与互动状态。他们中的多数人面临着由社会结构、生活方式与社区秩序的急速转

---

[1] 沈奕斐. 个体化视角下的城市家庭认同变迁和女性崛起 [J]. 学海，2013（02）：64-71.

变所带来的不确定性。

生活空间的迅速转变具体表现为：一是居住格局的改变，由原本的独门独户小庭院到上下层楼房，居住体验完全不同；二是邻里关系的转变，新的生活空间中，左邻右舍并非之前熟悉的村民，邻里成员之间的社交距离发生了变化；三是社会资本网络的转变，T村所迁往的安置小区是附近最大的安置小区，T村村民在生活中既期望着维持旧有的社会交往网络，同时又不可避免地要结识新朋友，产生新的社会关系。在这一过程中，人们必须处理好变动所带来的担忧和无力感。这种变动导致的不确定性是个体化与私人化的，原先在家庭纽带和村庄共同体中事先约定好的或被社会规范确定好的事情，如今必须由个体承担和处理。村民的个体化与原子化程度加深，不得不以个体的角色和力量应对社会中的种种风险。他们再也无法直接从沿袭的乡村传统和乡村记忆中寻找到解决方法，此时组织就成为应对不确定性的有效工具，村民可以依靠组织的庇护而建立起新的共同体。

一开始搬到这小区的时候，那种感受说不好啊，有的人认得，有的人不认得。年轻人可能好一点，他们都有手机，不受影响，我们这些年龄大一点的就受罪，上下楼要坐电梯，有些身体不好的还容易晕。到小区下面找个地方坐坐，看人走来走去也就算是打发时间了。要讲住的话，我还是喜欢村里住，不吵，一家一家都是院子，现在这楼上小孩要是蹦一蹦，我在楼下听得真真的，有时候也睡不好。不过搬过来也有好处，上厕所啊，用水都比较方便，再一个就是分到房子，不用给孙子他们再买房了。不过现在住了这几年，情况还是好多了。我经常到楼下锻炼，时间长了就能认得人，一些和我差不多大的老头老太太都能聊得上来，本来也就是一个地方的，所以现在来讲还是比较稳的。（女，71 岁，倪黄村村民，2022 年 7 月，安置小区）

T 村党支部书记在访谈中表示，自己现在是一个职位两份工作，不仅要服务好村庄范围内的村民，还要兼顾因房屋置换而离开村庄的村民群体。因为 T 村不仅在安置小区设置了固定办事处，还建立了线上微信群，配备了网格员小组，这使分散居住的搬迁村民们有了组织，彼此相互连接了起来。在乡村文旅产业发展中，T 村在土地和房屋流转中，由原本统一相连的行政村转变为分散开的半行政村半社区化状态。有 8 个村庄的村民搬迁至安置小区，在户籍归属上仍然属于 T 村，这一庞大人群的公共事务依然要在 T 村村党支部进行办理。最终，T 村村党支部一分为二，总部设置在 T 村范围内，在安置小区设置了长期的办事点，负责已搬迁村民的事务办理。这一安排既帮助 T 村村民重拾了自己的身份认证，也加强了村民的群体身份认同。在对村民的访谈中，人们自我介绍时开头第一句话就是"我是 T 村的，就住在大奎村"或"我是倪黄村的，就在 T 村上面一点"，村民对乡村身份的认同有益于乡村记忆的延续和重构。

> 我们现在既是村民委员会，又是社区居委会，只要是我们村的人，我们就要服务好他们，所以我们就要两头跑。村民看到我们还是更安心一点，我们也熟悉他们的情况。如果真叫安置小区那边的社区管理他们，可能还管不好。（男，42 岁，T 村党支部书记，2022 年 7 月，T 村党群服务中心）

文旅产业的发展吸纳了许多村民回流，他们在农业种植和文旅服务业中获得了谋生的机会。相关部门工作人员 HZR 在接受访谈时表示，村庄的发展必然不会舍弃原住村民，"创业不必去远方，家乡一样铸辉煌"是 T 村发展的重要指导思想之一。乡村需要乡村人来建，村庄的发展包含着村民的发展。文旅产业在进入乡村、流转村民土地的同时，也要为他们重建足够的生产空间。这一转变表现为村民生计模式的转变，即搬迁村民依靠自身的生产技术、劳动等资源要素重新进入乡村生产空间，支撑其在村庄的发展。在文旅产业轰轰烈烈建设的同时，T 村村民纷纷被吸纳进入村庄，甚至一些在外谋生的村民也返回家乡寻找工作。

总体而言，T 村在其文旅产业发展中经历了生产空间和生活空间的脱嵌和重嵌，在此过程中，下乡企业与村民之间的联系更加紧密了，村庄的记忆生产也与下乡企业高度相关，村庄在社会空间中实现了乡村记忆的重构。

三、乡村文化空间积淀乡村文化记忆

正如前文所述，扬·阿斯曼将社会记忆分为交往记忆和文化记忆，后者是指一个社会所形成的整体知识，人们通过反复学习和熟练掌握这些知识来塑造个体的行为并维持社会框架运行。❶文化记忆内涵丰富，它具有两点鲜明的特征：第一，文化记忆具有认同具体性，群体所共有共享的知识体系能够划分出内外群体，促进群体形塑认同；第二，文化记忆具有可重构性，尽管文化记忆具有相对的稳定性，但依然处于变动之中，所有的过去并不能被全盘保留，大部分过去被凝结成可供回忆附着的象征物，人们可以在不断的学习中重构记忆。

文化人类学者认为文化空间是传统的、民俗的场域，必须是人类在场的非物质文化遗产的特定表现。❷❸文化地理学者认为，

---

❶ 韦尔策.社会记忆：历史、回忆、传承 [M]. 季斌，王立君，白锡堃，译.北京：北京大学出版社，2007：4.

❷ 向云驹.论"文化空间"[J].中央民族大学学报（哲学社会科学版），2008（03）：81-88.

❸ 李玉臻.非物质文化遗产视角下的文化空间研究 [J].学术论坛，2008（09）：178-181.

文化空间是一种被赋予社会文化意义的空间形式，是符号意义的空间再现。❶文化旅游学者认为，文化空间由民俗魅力、民俗环境与民俗气氛三要素组成❷，是文化旅游的重要载体和基础。❸文化空间包含器物层面的文化空间、心理精神层面的文化空间与制度层面的文化空间等多重维度。❹换言之，文化空间附着于一定的物质空间之上，是基于物质空间场域的社会文化意义的动态呈现。人置身其中作为行动者，人的社会关系则借由社会实践反复进行再生产。

当空间范围限定在乡村范围时，学界对此的理解主要有两种观点：第一种观点认为乡村文化空间既是一个能够记录和呈现乡村文化记忆的物质空间，也是塑造乡村认同的场景空间，是兼具物质属性、社会属性和精神属性的文化生态场域。❺与此相似的

---

❶ 黄泰，保继刚，Geoffrey Wall. 基于文化空间解读的城市水上旅游组织策划模式研究——苏州环城河水上旅游案例分析 [J]. 规划师，2008（08）：37-40.

❷ 库瑞，陈锋仪. 旅游民俗文化空间的筛选与旅游价值分析——以陕西为例 [J]. 人文地理，2009，24（05）：122-125.

❸ 侯兵，黄震方，徐海军. 文化旅游的空间形态研究——基于文化空间的综述与启示 [J]. 旅游学刊，2011，26（03）：70-77.

❹ 苗伟. 文化时间与文化空间：文化环境的本体论维度 [J]. 思想战线，2010，36（01）：101-106.

❺ 傅才武，李俊辰. 旅游场域中传统村落文化空间的生产逻辑与价值回归 [J]. 江汉论坛，2022（10）：131-137.

是，杜鹏将乡村文化空间分为物理空间、活动空间与制度空间❶；顾大治等则以物质空间、心理空间和意识空间来划分文化空间。❷第二种观点则专注于文化空间的非物质属性，指出文化空间是搭建于人类心理表象和话语体系之上的非现实空间❸，渗透在物质空间和社会空间之中，并通过影响社会实践而改造物质空间。本书认为，乡村文化空间是乡村文化凝结、价值观念、乡村地方意象所构成的空间，既包含物质的乡村公共文化空间，也涵盖着包含传统民俗、村庄信仰、制度规范与乡村文化记忆在内的精神文化空间。

文化研究学者认为文化空间是集中举办传统文化活动或者流行文化活动的场所。在社会学学者看来，文化空间是指建立在人类话语体系、表象活动、秩序观念之上的人类所独有的一种空间形式，是非现实的和理想的社会空间，其渗透在物质空间与社会空间之中。❹因为有了承载着农耕文化的内涵及其在物质与社会空间中的符号系统，乡村文化空间能够跨越现实与想象的阻碍，在传统乡村文化意境和外来游客的体验之间建立起连接，唤起、

❶ 杜鹏. 转型期乡村文化治理的行动逻辑 [J]. 求实，2021（02）：79-97，112.

❷ 顾大治，徐益娟，洪百舸. 新媒体融合下乡村公共文化空间的传承与重构 [J]. 现代城市研究，2021（12）：40-47，55.

❸ 乌丙安. 非物质文化遗产保护中文化圈理论的应用 [J]. 江西社会科学，2005（01）：102-106.

❹ 冯雷. 理解空间：现代空间观念的批判与重构 [M]. 北京：中央编译出版社，2008.

重构并刻写出新的文化记忆。❶在高速发展的现代社会，乡村本身就是承载着中华传统农耕文化的记忆空间。乡村文旅产业发展的动力根源就是外来游客在乡村进行旅游体验时所获得的精神归属感和乡村记忆体验。乡村空间场景、乡村旅游体验都充当着游客与农耕文化之间的桥梁。乡村文化空间具有两层含义：一是现实可触及的、可感知的、充盈着符号和传统的文化场所；二是承载着历史和象征性文化的精神空间，如遵循民间传统习惯所规定的实践和场所而举办的综合性文化活动。❷

乡村文旅产业发展后，当地政府与下乡企业所赋予的外部资源大量进入乡村。如前文所述，大量以资本化为导向的新兴公共文化空间生成，与传统的文化空间及乡村交流聊天的场所，共同构成了村庄的公共文化空间。在社会结构快速变迁与社会信息高速流动的社会背景下，乡村记忆很容易陷入断裂危机，这就需要强化并巩固乡村文化记忆，首要的是塑造符合现实需求与时代价值的乡村文化场所，这必须关注村民的文化需求和文化权益表达。"一方文化熏陶一方人"，乡村文化记忆承载着乡村全体成员的地方性知识，具有强烈的连续性与传承性。乡村文化场所具有

❶ 傅才武，程玉梅. 文旅融合在乡村振兴中的作用机制与政策路径：一个宏观框架 [J]. 华中师范大学学报（人文社会科学版），2021，60（06）：69-77.

❷ 郭景萍. 社会记忆：一种社会再生产的情感力量 [J]. 学习与实践，2006（10）：109-112.

将历史与现实联系起来的作用，往往以一种物化展览的方式来刻写记忆。T村的公共文化场所可分为三类：一是呈现农耕自然文明的文化场所，如二十四节气博物馆、农特产品纪念馆与打谷场；二是展演乡村人文情怀的文化场所，如有巢氏祠堂、村庄土地庙等；三是展示文本或影像的乡村文化记忆成果的场所，如半汤书屋与半汤乡学院。

首先是呈现农耕自然文明的乡村文化场所。人们在这一空间能接受到最为直观的农耕文化熏陶。尤其是在二十四节气博物馆中，每个节气所对应的农事劳动与作物生长知识都呈现在人们的眼前；而在农业产业带中的生产区域，乡村的各种春种秋收活动也能被直接观察，二者相连接而形成闭环。如具有强烈乡村意味的打谷场，在农事生产中，打谷场是村民使用率极高的地方，粮食的晾晒、脱粒与堆放都在此处进行，同时村里男女老少也会在打谷场遛弯闲聊。下乡企业把村民们晾晒粮食、聚众交往的打谷场作为重要的展览空间，将"博物馆化"的乡村劳作记忆和文化遗产固化在打谷场之上，形成固化的展品，连接起村庄的过去与现在。对于曾经在乡村生活的人们来说，打谷场展示的各种农具能够以最直接和最具有冲击力的方式唤起他们对于村庄的记忆，而对于未曾在村庄生活过的游客来说，则是乡村向他们进行记忆传递的媒介。通过打谷场的精心设计，人们能够共享村庄的多种记忆，并将自身的生命经历与村庄的过去和现在相联结。

其次是展演乡村人文情怀的文化场所，如××摄影艺术馆。在展室中，整体空间从文本、图像与影音方面营造出各种记忆意象。

最后是以固态文本与影像为主要内容的文化记忆展览场所，如半汤书屋与半汤乡学院。半汤书屋位于T村入口百米左右的位置，原本为村庄小卖部，是村庄社会交往的公共空间。下乡企业在原有基础上进行了改造，完全保留了房屋的木瓦结构，还原了本土乡居特色。书屋内摆放了T村村史、农旅乡建等相关书籍，平时这里既是正常营业的书店，也是村民们休息阅读的好去处，是T村记忆集中展示的平台，承担着乡村记忆延续与乡土文化传承的功能。

下乡企业进入村庄后，乡村特色民俗被逐一挖掘、激活，乡村历史故事被村民们口述而出，并结合时代要求加以新的阐释。无论是乡村自身的特色民俗空间、传统仪式内容、村民日常生活分享，还是游客来访后在网络空间发布的体验分享，都表明乡村精神文化空间正源源不断地生成与更新，并由于数字媒介的存在而得到进一步扩展。

第四章　文旅资本下乡中
乡村记忆的开发

　　成功的资本下乡往往具有双重意涵：一方面是资本投资经营成功，实现其经济目标，获得经济收益；另一方面是资本能够顺利嵌入乡村社会的发展。作为外来力量，文旅资本下乡经营文旅产业时，对富含乡村性的乡村记忆进行有效开发成为记忆再生产的重要内容。阿多诺认为，现代文化产业是一种商品的生产，主旨就是要创造需求，并将文化产品变为一种能够交换的商品。❶作为一种文化、观念、习俗和心态，乡村记忆是乡村社会与文化资本的集中体现，凝聚在一切可能的载体和社会结构之中，也是乡村场域中各记忆主体所关注的重要内容。在当前市场化进程加快与文化消费兴起的背景下，部分地区的乡村记忆逐渐呈现资本化趋势，即按照先将社会记忆转化为文化资本和符号资本，再转

---

❶ 周宪 . 20 世纪西方美学 [M]. 北京：高等教育出版社，2004：75.

化为经济资本的逻辑顺序❶，最终实现乡村记忆的经济功能。因此，乡村记忆的开发，是乡村记忆再生产的经济目标，也是乡村记忆助力下乡资本良性运作的关键。

乡村记忆再生产既体现在乡村日常生活中对记忆的重构与传承，用人们默认的、频繁调用的记忆资源生成乡村历史与文化延续的链条，也体现在对乡村记忆资源的有目的开发与转化之中。作为乡村场域中长期存在的集体记忆，乡村记忆长期以来以生产为主要导向。随着旅游产业的发展，记忆生产的消费导向逐步显现，记忆的消费群体也随之产生。此时的"消费"不仅包含常规的物质产品消费，也包含着乡村非物质产品的购买与体验。换言之，游客来到村庄，不仅能感受到村庄的地方特色建筑与自然风貌等器物遗迹记忆，还能切身体验到乡村日常生活与民俗艺术，更能直接购买到文化记忆产品。对乡村记忆的消费，往往表现为游客独立自主地选择满意的记忆产品与体验，并将获取与吸收的记忆加以内化、公开分享，这体现了游客对 T 村乡村记忆的认同与兴趣。T 村在文旅产业发展过程中，积极借用乡村记忆资源，通过发掘、提取、筛选、活化、消费记忆，使原本沉潜的记忆转化为澄显的记忆，并被大众接受与消费，最终实现记忆的文化和经济价值。开发导向作为乡村记忆再生产的动力之一是贯穿始终

---

❶ 梁音. 社会记忆的文化资本化——以洛带客家社会记忆资源的旅游开发为例 [J]. 成都大学学报（社会科学版），2008（4）：91-94.

的，对记忆的开发与消费不仅是一种经济行为，也是一种社会性的文化行为，关系到物质产品与社会关系的再生产。坎斯特纳将记忆视为复杂的文化生产与消费两种过程：一种是构成人们有选择地采纳过往的思想和文化传统的记忆生成过程；另一种是按照自己的兴趣使用的记忆消费过程。❶

第一节　乡村记忆的感知唤起与生成

学者麦夏兰认为旅游可被视为一系列特殊的记忆实践，为个体化记忆的制作提供了可能。她以利兹市军械博物馆的"个性化"展览记述为例，指出该展览充分利用展示的技术，让参观者积极参与并引导展览，并将自己的设计也融入展览。此时，个体不仅调动了既有的记忆，也为新的记忆生成提供了机遇。她在研究中重点关注了特定的记忆是如何被社会建构出来的这一议题，这就需要明晰哪些事物可以被当作记忆，而牵涉其中的人们是如何接受他们认为可以成为"记忆"的事物的。❷ 对此，她偏向于借用"历史感知"（historical consciousness）的概念来讨论。在"历史感知"的框架中，

❶ 坎斯特纳. 寻找记忆中的意义：对集体记忆研究一种方法论上的批评 [M]// 李宏图. 表象的叙述：新社会文化史. 上海：上海三联书店，2003：141.

❷ 麦夏兰，兰婕，田蕾. 记忆、物质性与旅游 [J]. 西南民族大学学报（人文社会科学版），2014，35（09）：1-7.

人们能够将某些"过去"或"记忆"激活，进而参与到地方公众生活中。在 T 村的旅游发展过程中，下乡企业与村庄正是通过对记忆感知的塑造，促使游客群体获得了专属的乡村记忆。

营造"记忆场"能唤起记忆感知，20 世纪 80 年代，法国历史学家皮埃尔·诺拉提出"记忆场"的概念。他认为"记忆场"包含物质的、象征的与功能的三重含义，这三重含义必须同时存在。"记忆场"是历史与记忆交互作用的产物，它必须具备两个特点：一是要有记忆的意愿，二是要有历史、时间、变化的介入。❶诺拉的"记忆场"概念兼具实体性与精神性，包括档案馆、教堂、纪念碑等场所，形形色色的仪式，以及基础文本和符号象征等内容❷，事实上就是激活记忆的载体及其个人所处的情景，能够与个体过往经历中的特定时刻、人物、地点或事件之间形成链接，激活特定记忆。

对于记忆场而言，叙事便是一种建构性的文化工具，是对时间、空间与社会关系的整合。常见的叙事方式有聚落整体或局部的时间性叙事，沿线性空间的串联式叙事，以及包含关键位置、关键时间和主题分类的复杂时空叙事。❸记忆场的叙事往往依托

---

❶ 赵静蓉.文化记忆与身份认同 [M].北京：生活·读书·新知三联书店，2015：165.

❷ 张俊华.社会记忆和全球交流 [G].北京：中国社会科学出版社，2010：28.

❸ 向岚麟.地方记忆：活态遗产地整体性认知研究 [J].首都师范大学学报（社会科学版），2024（05）：59-71.

于充满特色的景观空间，并呈现两个特征：第一，叙事基础来自当地口口相传的历史、传说故事与部分文字记载。尽管此时的故事本质是主体缺席的，但人们可以通过文字、语言、历史遗迹、仪式与图像等媒介来再现过去，再次唤起人们对于该地的历史记忆与地方认同，也使本土传说获得复述与传播的社会语境。第二，景观和叙事间存在一种循环互动的生产过程，景观可以作为叙事的承载空间，而叙事则强化了景观的文化地位，以此助力形成本土的集体记忆。

具体到 T 村旅游发展中的乡村记忆开发，下乡企业正是依托于改造后的 T 村景观展开叙事的，其中包括：基于 T 村的村史村志、乡村逸事及村庄演变等作出的整体或局部的时间性叙事；基于 T 村游览路线与空间功能分区的串联式叙事；包含关键位置、关键时间和主题分类的复杂时空叙事，如村史档案馆和二十四节气馆等场所的定点叙事。

第二节　慢生活体验：乡村记忆对
"现代性焦虑"的抚慰

现代社会将理性精神植入每个个体的生命体验中，理性化、制度化与程序化成为当前城市生活的本质特征。在多数情况下，个体很容易在社会快速变迁中服从于权力系统的网格化管理，在工业化生产流水线中成为一颗无人在意的螺丝钉。❶美国精神分析学家艾瑞克·弗洛姆（Erich Fromm）指出，在现代工业社会，人们已经丧失了对生活的热情，人变成了一种机器或者物的存在，对生活满怀着焦虑。❷在以理性主义为导向的现代性语境中，在资本、信息与人口高速流动的时代，"现代性焦虑"成为现代社会个体的普遍性征候，其最重要的表征是对时间的匮乏感，即生活节奏的紧迫感。乡村文旅的兴起为焦虑人群提供了疗愈之路。在文旅资本下乡过程中，乡村记忆完成了其唤起与重构环节后，更为重要的是要实现对乡村记忆的开发及消费，同时为"现代性焦虑"提供抚慰。

乡村借助数字媒介技术，通过纪录片与短视频的形式向外输出乡村记忆符号，无论是到村的游客还是在数字网络空间欣赏的个体，都能观看到这些数字形式的乡村记忆，从而获得心灵抚慰。下乡企业以村庄景区为名注册了各类自媒体账号，推送内容以村庄美丽景色、人物逸事、农耕劳作与乡村生活为主。此外，村庄中的创业者纷纷借助自媒体平台创作短视频。例如，T村村口的"村里人家"餐馆的经营者及村庄中部农家乐饭店的经

---

❶ 丁莉丽."田园风"短视频：媒介景观的美学功能研究 [J]. 未来传播, 2022, 29（06）：66-72, 134.

❷ 弗洛姆.人心 [M].张月才，张燕，译.北京：商务印书馆，1989：2.

营者，都喜欢拍摄舒适悠闲的生活视频，或乡情浓厚的乡村小故事视频。这样蕴含着乡土气息的"乡村牧歌式"的短视频，其意义不仅在于对人心焦虑的抚慰，也为深陷于快节奏与理性化状态中的个体提供了类似"叙事疗法"的治疗路径。无论是进村游玩的游客，还是通过网络媒介浏览短视频的个体，都能够短暂地将自己的注意力由个人主观世界移向外部世界，减轻指向心理内部的精神损耗，使人从精神忧郁中解脱出来。从 T 村拍摄的乡村纪录片与各账号发布的短视频内容来看，呈现的都是乡村的乐趣和美好之处，无论是亲密友好的乡村社交氛围，还是朴实的农耕劳作，或是简单的家常饭菜制作、恬静的乡村景象，都传达出传统、友爱的乡土社会特征。这些视频不仅唤起了部分观看者的身体记忆，同时也引导他们将活动空间转向田野与自然，进而抚慰他们焦虑的情绪，起到疗愈身心的效果。

村里的民宿在开业后生意一直很火爆，我还为游客设计了周末游方案。他们可以在周五晚间到达并住宿在村里，晚上在村中散步游览，南瓜广场、牛棚广场与老村委会主任接待室等特色建筑值得关注，颇具传奇色彩的"两间半"客栈也可以一观。周六起床就餐后，游客们沿着 T 村设计的游览道欣赏沿途风景并前往民俗区域游览体验，那里有一系列的民俗手工艺作坊，有农耕研学体验基地，还有艺术馆等文化场所，更有随处可见的山野风貌。T 村往往会安排各类文化表演，如在打谷场进行地方戏剧或民歌表演。如果天气合适，游客们甚至可以租赁帐篷在露营基地感受野外露营。周日晨起后，游客们可以步行或乘坐游览观光车直接前往郁金香高地观赏壮观的花卉景象，也可以参观 T 村的花生与大豆基地，或参加水果种植园的采摘活动等，最后收拾行李踏上返程。（女，33 岁，下乡企业企划部员工，2022 年 8 月，其电商工作点）

下乡企业通过设计慢节奏游玩方案，让游客亲近自然进而重新感知生活的意义。T 村的旅游发展让它在生产空间、生活空间与生态空间上都获得了系统性改造，乡村的四季景观尤为突出，人们可以在村庄的游览中感受季节的变迁与大自然的美好。在 T 村的民宿"青年客栈"内，笔者发现许多游客都曾留言写下自己的住宿体验及对客栈发展的祝福语，其中最多的话语有"睡得舒服""安静""有趣""醒来有鸟叫""想到了小时候"。

部分客栈添置了乡村早年使用的柴火灶，方言称为"草锅"，前来休假的游客不仅可以住到清洁卫生的农家土铺，还能在客栈前后菜地中自己动手择菜、洗菜，使用农家柴火灶进行烹饪。当然，如果不会使用柴火灶的游客也能够使用现代厨卫设施自己动手做饭。如果不想自己动手，那么游客朋友还可以选择在村里的农家乐就餐，菜品皆为巢湖本地特色菜品。整体而言，T村的"吃住行玩"系统设计十分完备，充分考虑到了游客的"慢节奏"体验。（女，33岁，下乡企业企划部员工，2022年8月，其电商工作点）

值得注意的是，乡村生活的慢节奏并不意味着完全复刻村庄的生活状态。由于旅游规划设计和建设需要，村庄当前也呈现出明显的城市性与乡村性并存的景象。无论是青年旅社、有间客栈、秋遇山房等民宿，还是山里邻居等农家乐，都会同时具备乡村性的外貌和标准的现代生活条件。环境清幽、场景复古、小桥流水、设施仿旧是T村的外在特征，便利的水电、洗浴设施及燃气空调等是T村文旅服务的品质。正如下乡企业营销部员工ZJ所说，游客前来是享受现代生活的品质和乡村生活的意趣。因此，下乡企业在对乡村记忆的转化与传递中，也十分注重对乡村生活品质的提升。

乡村记忆的物质性转化社会记忆理论强调记忆并不只在个人头脑中产生，也在各种社会场景及集体实践之中生成，物质在社会记忆中占据重要的部分，也是对抗遗忘的坚强堡垒。丽兹·哈勒姆（Liz Hallam）与珍妮·霍基（Jenny Hockey）认为，"可以这样理解纪念品、纪念馆、文字和手工艺品的功能：它们是支撑某种想法和想象的外显形式，这些想法和想象被认为是活生生的个人的内在状态的一部分"❶。物质构成了一种记录，支撑着记忆，构建起过去的图景。行动者网络理论也认为物不只是被作用的事物，不只是被记忆的事物或装点记忆之物，物本身即构成了记忆的一部分。

在 T 村的文化旅游发展过程中，乡村记忆也被进行了丰富的物质性转化。下乡企业抓住"乡村"与"童年"两个关键点，研发了童年牛皮糖、乡村小麻花、铁锅花生、姥姥家乡菜等食品品牌，以及木、瓷、竹、布系列文化产品，规划设计出了文化系列产品；同时，建立了电商物流中心和农业产品流通协会，与京东、淘宝、天猫等电商平台展开合作，完善线上线下产业链条，实现了乡村记忆作为文化资本的经济价值延续。T 村景区营销部负责人 XZF 认为 T 村的电商企业改变了村民的思想。

> T 村的电商产业做得很好的一点是改变了农民思想，真正帮助到了农民。农产品很多时候有两个问题需要解决：一是农产品的深加工和包装，二是农产品的对外市场销售。T 村南瓜电商村最繁荣的时候为电商搭建的店铺都住满了，他们就是直播卖货，把周边很多原先没有知名度的农产品进行加工包装给推了出去，而货源和加工的问题由我们来解决。

---

❶ 麦夏兰，兰婕，田蕾.记忆、物质性与旅游 [J].西南民族大学学报（人文社会科学版），2014，35（09）：1-7.

这是切切实实给村民带来益处的。（男，43 岁，下乡企业营销部负责人，2022 年 6 月，T 村青年客栈）

T 村的电子商务产业将 T 村及周边村庄的农产品销售链接到更为广阔的市场体系，将网络信息技术融入了农业的生产、加工与销售环节。首先，T 村基于自身条件和外部需求对农业进行布局，成立了农村合作社，对农产品进行选择性种植；其次，引入外部企业，借用物联网技术为农副产品的生产和流通建立了全过程追溯体系；最后，依据乡村现场游客体验数据将农副产品的销售进一步扩展，打造了面向全国的销售网络。

除了发展文旅，我们村同步做的还有电商，比如说卖花生以及相关产品。当时企业统计过，最多的一天在网上卖了有 60 多万元。起初的时候，这个花生的种植和加工全过程都是在我们村里完成的，但是后来销量跟上了，我们村里的产量也就跟不上了，所以都会在外面采购，还建了花生合作社。除了花生以外，还有山泉鱼，请专业的人员来养殖鱼。这些在电商平台上其实都卖得很好，一方面给村里增收，另一方面也给了村里人就业机会。这个采购网覆盖到附近的含山县了，也在网上形成了我们村的品牌。开发公司确实把我们的农产品卖出去了，不是周边的小收购市场，是面向全网

全国的大市场。（男，42 岁，T 村党支部书记，2022 年 7 月，T 村党群服务中心）

在 T 村文旅产业发展中，以经济价值为本、以理性为核心的资本逻辑，推动着乡村记忆由文化资本转向经济资本，这成为村庄内个人与群体乃至整个乡村社会行动的重要驱动力。作为乡村社会关键的文化资源，乡村记忆被开发为"记忆产业"，"不仅仅传播要记住之物"，也不停地耦合需要被记住之物。❶互联网络发展为 T 村营造了良好的数字乡村环境，其乡村电商产业的发展也如火如荼。T 村通过挖掘本土特色产品、乡村风情、民俗文化与自然资源，充分利用数字化技术释放潜能，赋能乡村发展。

---

❶ 斯道雷.文化理论与大众文化导论 [M].常江，译.北京：北京大学出版社，2019.

第五章　文旅资本下乡中
乡村记忆的传承

　　乡村记忆生发于乡村共同体的日常生活和生产实践之中，是对过往经验的储存，也是对当下生活图景的展示，更是对未来发展的指引。乡村记忆能够起到凝聚村庄共识、强化村庄团结、维持村庄秩序和集聚村庄力量等基础性作用。乡村记忆通过其强大的影响力塑造了传统乡村共同体，并为乡村秩序的形成和维护提供了精神力量。❶ 通过社会记忆系统，乡土社会的过去得以重构，乡村获得了源源不断的发展动力。当前，城镇化的浪潮冲击了乡村既有的社会结构和基层秩序，部分乡村甚至出现了记忆断裂的危机。资本下乡为乡村发展带来了挑战和机遇，也为乡村记忆的延续提供了新的可能。乡村记忆的传承是乡村记忆再生产的归

---

❶ 郑杭生，张亚鹏.社会记忆与乡村的再发现——华北侯村的调查 [J].社会学评论，2015，3（01）：16-23.

宿，也是乡村记忆再生产的社会目标。

乡村记忆的传承，不仅需要关注乡村记忆的内容和传播媒介的实践，也需要考察个体在记忆中的内化表现。一直以来，为了实现记忆的延续与传承，人类发明了许多方法与技术，深刻影响了人们对于记忆的认知[1]，这些技术不仅直接影响了社会记忆的存在样态，更关涉记忆的传承与建构方式。T村的记忆再生产实践证明，记忆的传承与强化离不开丰富的传播媒介和多元的记忆主体。数字技术的进步为乡村记忆的展演提供了丰富的形式，这不仅积淀、强化并延伸了人类的记忆优势，而且让既有记忆实现了可视化和数字化，如将口头传承记忆录制成为访谈影像或录音，将村史村志、族谱家书拍摄成电子文本，将村居村貌、旧日器物、历史遗迹、民俗仪式拍摄成视频或图片等，还让体量庞大的记忆有了栖身之所。数字媒介已然超越了传统媒介，因为它具有大容量和高传输率的特征，这足以使社会记忆拥有前所未有的覆盖面和传播域。[2]总的来说，文旅资本下乡中乡村记忆的传承可分为三个方面，分别是传播媒介的多样化记忆实践、乡愁意象的营造和传播、个体记忆的内化及其与社会记忆的联结。

---

[1] 杜威. 记忆的隐喻——心灵的观念史 [M]. 广州：花城出版社，2009：4.

[2] 舍恩伯格. 删除：大数据取舍之道 [M]. 袁杰，译. 杭州：浙江人民出版社，2013：82.

第一节　传播媒介的多样化记忆实践

一、大众传媒的多面向传播

一直以来，大众传媒因具有强大的信息制造与传播功能成为社会记忆的承载者和延续者，新闻报道与影像传播以极强的信息推送能力形塑了大众的记忆。随着媒介技术的快速发展，人们接触使用媒介的频率与时间前所未有地增加了，大众媒介越来越多地参与到了人们的精神与物质生活中。从概念上来看，传统大众媒介指的是"在信息传播途径上专事收集、复制及传播信息的机构，一般专指报纸、杂志、广播、电视与网络等"❶。从功能上来看，媒介具有传递信息、守望社会、传承文化遗产与提供娱乐的作用，无疑是启动、制约、更新、改写人们记忆的最重要社会框架之一。❷ 近年来，媒介功能得到新拓展，包括舆论导向、社会教育、社会服务等功能也被纳入分析范畴。当前，大众媒介依然通过影像展现、符号表达与地景再现的方式，将人们的过去、现在与未来联系起来，获得集体记忆的连续叙事。大众媒介可以掌

---

❶ 张昆.大众媒介的政治社会化功能 [M].武汉：武汉大学出版社，2003：59.

❷ 朱瑞.社会治理发展审视与未来展望——基于2022年度的考察和思考[J].社会治理，2023（01）：110-120.

握记忆生产的内容与过程，能够以此构建出新的社会记忆。❶

T村在2018年前后成为大众媒体报道乡村振兴的宣传样本，据T村退休干部介绍：

> 我都上过好几次电视了，从合肥本地的电视台，到央视的记者都来过，我们都接待，毕竟我们也需要宣传。像2021年记者节的时候，新华社、人民日报（社）、光明日报（社），还有什么的，呼啦啦来了一大堆人，我们经开区党工委书记、管委会主任都是全程陪着的。那我肯定是感觉很光荣。（74岁，男，T村退休干部，2022年7月，T村农家乐饭店）

全国性媒体与地方媒体的合力，构成了T村的"仪式性传播"，当地政府、村民委员会成员、村民等都因采访而被纳入这一仪式性传播之中，参与并共享了乡村发展意义的生成与传播，并成为新时期的乡村叙事主体，逐步建构着乡村记忆的新内容。

当地政府与下乡资本作为村庄建设的推动者，为村庄宣传做了很多工作。例如，T村景区公众号在2016年连续推送的"老物件系列"文章，集中介绍了村庄中的葫芦瓢、搪瓷缸子、算盘、黄书包、军水壶、煤油灯、灶台、蓑衣、"四转一响"等生活用具，以及石磨、木锯、刨子、"犁田耙地"的犁等生产用具。T村

---

❶ 周海燕. 媒介与集体记忆研究：检讨与反思 [J]. 新闻与传播研究，2014，21（09）：39-50，126-127.

微信公众号（T村旅游景点公众号）以每月 20 条的高频次推送村庄实况。当然，并非所有的微信公众号推文都能被纳入乡村记忆范畴，只有立足乡村生活本身并被多人关注且有较好互动效果的内容才能进入乡村记忆范畴。

除了文案宣传外，当地政府与下乡资本还以 T 村的发展变化与记忆表现为主题，拍摄了许多纪录片投放到传统大众媒介与数字网络平台，并积极举办活动邀请社会人员参与。纪录片、微纪录片等是通过对乡村记忆的符号化加工、影像化处理而建构的一系列推动乡村记忆建构和传播的符号表征。T 村还在 2017 年举办了 T 村微电影邀请赛与"走进 T 村"摄影大赛，并于后期公开展示比赛获奖作品。乡村记忆由自然风貌与乡村生活等实体形式转化为影像式记忆，既是对乡村记忆的公开呈现，也是为新的乡村记忆生成提供材料。

二、数字媒介的再中介化传播

近年来，数字媒介技术的成熟与推广使记忆传播既不再是对过往的检索与恢复，也不再是对过往的再现，而是在数字时代背景下"镶嵌在社会技术实践当中，并经由这些实践而传布开去"❶，记忆的再中介化传播（remediation）更加显著。中介化

---

❶ 李红涛，黄顺铭 . 记忆的纹理：媒介、创伤与南京大屠杀 [M]. 北京：中国人民大学出版社，2017：182.

（mediation）是对人类传播与交往形态转换的概括，即经由传媒中介的社会交往和互动，有别于面对面的社会交往和互动。❶它意味着通过一个制度性的公共机构向受众传输社会知识与文化价值的行为，是大众传媒的基本效用之一。❷再中介化概念是在美国学者杰伊·大卫·博尔特（Jay David Bolter）与理查德·格鲁辛（Richard Grusin）所著的《再中介化：理解新媒体》一书中提出的，指的是新媒介对旧媒介的重塑，其目标是营造更为真实的媒介体验。❸在数字媒介的加持下，乡村记忆的生成内容与传播形式不断革新，在记忆传播过程中其再中介化的程度也日益加深。

一方面，数字媒介技术的进步和网络移动终端的普及促使短视频平台迅猛发展。乡村社会智能手机的普及率和短视频 App 使用率急速攀升，人人都可以在网络平台上分享自己的生活，享受移动互联网与媒介平台带来的信息传播便利。卡斯特认为，数字媒介激发了大众自传播，这是个人得以创造他们自己的内容的过程，是个人得以决定谁能够得到这个内容的过程，也是个人得以

---

❶ 郭恩强. 在"中介化"与"媒介化"之间：社会思想史视阈下的交往方式变革 [J]. 现代传播（中国传媒大学学报），2018，40（08）：67-72.

❷ 周翔，李镓. 网络社会中的"媒介化"问题：理论、实践与展望 [J]. 国际新闻界，2017，39（04）：137-154.

❸ 博尔特，格鲁辛. 再媒化的双重逻辑 [EB/OL].（2020-11-21）[2024-02-20]. https://www.douban.com/note/784791795/_i=0081160_IvQYT0.

直接将内容传送给接收者，而这些接收者可以自行选择是否接受这个内容的过程。❶无论是 T 村村民还是前来观光的游客，都享受着数字媒介带来的快捷与便利，他们也在数字空间中积极分享与建构着乡村记忆的数字形式。例如，T 村农家乐经营者 XLB 几乎每周都会在其个人短视频账号上更新 T 村景区的动态，包括带有乡村意蕴的风景、特产美食、耕种经历等内容。再如，来自合肥的游客 ZQS 先生，被抖音平台视频中 T 村的美景所吸引，在 T 村游玩后又将个人体验分享至抖音，在与他人的互动中完成了个体乡村记忆的共享。媒介化的经验与直接体验相结合产生了个体意义的乡村记忆，并通过他们的传播扩散开来。个人在网络平台的经验分享又将乡村记忆推向他人，实现了传递。这一游客的经历集中展现了当前经乡村旅游体验而扩展生成的乡村记忆是如何在个体层面实现经验普遍化，进而又在群体层面将普遍经验个体化的。他们在接收记忆符号时欣然而来，又在精心构建的乡村叙事中称心归去，实现了记忆意象的良性循环。

> 我第一次去（T 村）是在 2018 年，当时是看了抖音（视频）去的，那上面发的（内容）很热闹，红墙绿瓦，有点童年的感觉。周末的时候我就开车带着家里人去看了，景色说实话是真不错，很适合放松和散心。后来我也发了抖音，家

---

❶ 霍华德.卡斯特论媒介 [M].殷晓蓉，译.北京：中国传媒大学出版社，2019：79.

里亲戚也跟着都过去玩。（男，33 岁，国企工作人员，2022 年 9 月，线上访谈）

数字技术为村民搭建了线上即时沟通的数字空间，提供了广阔的文字书写空间。无论是微信公众号，还是"今日头条"等综合类平台，村民在网络空间所生成的多为乡村传统生活、乡村美食制作、乡村田园风景、个人乡村经历等记忆符号。以微信公众号"最忆是巢州"为例。"最忆是巢州"公众号由祖籍在巢湖的知识分子创建，旨在专门撰写与刊登一些与巢湖相关的历史典故、地方民俗、巢湖故事、过往经历等文章。公众号简介为"致力于传递乡音乡情，鼓励家乡人书写家乡事"，设有巢湖人物、山水古迹、巢湖民风、乡土小说、巢湖游子五个栏目，发表的相关文章皆为离乡游子的经典乡愁讲述，内容包含对童年生活的追忆、对故乡菜品与乡村方言的描述、对故乡经典故事的讲述等。以"半汤""汤山""T 村"为关键词进行搜索，公众号共有 297 篇相关文章，类型主要有三类。

第一类是记载 T 村村史与乡村故事的文章:《半汤小庄村的历史变迁》《东洼村的形成与发展》《槽坊村的传说与变迁》《汤山村卫生室的历史变迁》《汤山下倪村浴室的兴衰》《倪黄小学的盛与衰》《半汤花灯年味长》等。第二类是 T 村村民返乡旅游后的追忆文章:《三瓜公社探幽》《春游三瓜公社》等。第三类是离乡游子对汤山的无限感念文章:《故乡的半汤街》《话说汤山》《汤山有个仙人洞》《怀念我那巢湖故乡》等。公众号的评论区也充满了记忆主体的读后感分享与讨论。例如,有一条评论写道:"T村卫生室、汤山小学、汤山代销店都在大奎村,是那时周边乡村最有现代气息的地方。教室里的读书声、代销点的糖酒芬香以及卫生室消毒水的味道,都给我们的童年留下了美好的回忆。"

另一方面,数字媒介的再中介化传播不断重塑着人们的所看、所听与所想,并以更加仿真的体验形式传播着乡村记忆符号。下乡企业等外部建设者是灵活运用数字媒介进行乡村记忆再生产的主要力量。在T村旅游项目的建设与投放使用环节,下乡企业始终注重通过大众媒体与数字媒介,传输已经构造好的乡村记忆符号与地方性意象,"文化流动的空间"❶得以在线上呈现,缩短了游客与乡村的时空距离。同时,数字技术的发展与社交媒体的繁荣,将大众拉入了集体记忆的生产队列,改变了记忆的形态与建构机制。所有身处T村的人,都能借助数字媒介自由创作,传递记忆叙事。无数乡村生活短视频所传达的大量符号信息组建起一个乡愁空间,当人们进入这个乡愁意象空间时,就能够接收到乡村特色符号、乡村故事叙述、乡村民俗展示、乡村仪式展演等内容,进而结合自身体验进行内化,实现乡愁情感或乡村

---

❶ 阿斯曼.文化记忆 [M].金寿福,黄晓晨,译.北京:北京大学出版社,2015:31.

记忆的再生产。

精心生产的乡村意象与充满怀旧意味的记忆场所，以及事先设计的景观之间的互文性建构将 T 村的记忆空间确立下来。值得注意的是，乡村记忆始终处于动态变化之中，需要在社会框架下批判性继承与发展，表达出适应时代的新内涵与新形式。作为有目的、有倾向的生产实践，乡村在构造记忆符号时，选择性地进行了主题化重塑，只选取了反映梦幻乡村、文化乡愁、田园牧歌倾向的记忆符号，遮蔽了乡村的辛苦劳作与设施不便的记忆，追求的是符号价值所传递的感官刺激，所传输的是历经重构的记忆意象。正是现代社会影像生产能力的逐步增强，影像密度的逐渐加大，其所涉及的领域不断扩张，将人们推向了一个全新的仿真社会。在这一社会中，社会实在与影像、图像之间的距离和差别仿佛消失了。数字空间中各类乡村短视频实际上是乡村日常生活的拟像，使受众在观看、欣赏时处于一个远距离的位置，经由屏幕的透明性和不可触碰的形象，仅凭视觉和精神便可进行参与，一定程度上实现了乡村数字记忆的再中介化呈现。

第二节　乡愁意象的营造与传播

2013 年，中央城镇化工作会议指出，让城市融入大自然，让居民望得见山、看得见水、记得住乡愁。理解乡愁，要从当下的社会境遇出发。传统意义的乡愁是指远离家乡的游子对故乡的思念，而现代性乡愁是指笼罩在"现代性焦虑"的城市人群对于飘逝的往昔乡村生活的伤感或愉快的回忆❶，是理性与情感的疏离所造成的感受。❷城市工作与生活的快节奏使人们无暇满足自己的情感需求，因此可以说现代性乡愁是一种主体反思、记忆与感知的文化现象。❸此外，新型城镇化在导致城市空间急剧扩张的同时，作为传统文化与乡愁情感载体的乡村与小镇空间也在日益缩减，使人们的乡愁情感更加浓厚。

　　相比于城市的复杂和多变，乡村有着更多的诗意和温情，承载着乡音、乡土、乡情，以及古朴的生活、恒久的价值和传统，乡村是人们心灵的寓所。❹此处的乡村既包含作为自然存在的乡村实景，如村居建筑、村庄环境等具象的人与物，也包括某种乡村精神及对乡村的虚构和想象，表现为田园式的风景、质朴的社会交往、乡村野趣、慢节奏作息生活等，乡愁的产生是人类合

---

❶ 王一川．物质充盈年代的乡愁 [J]．当代电影，2000（04）：18-21．

❷ 张帅．"乡愁中国"的问题意识与文化自觉——"乡愁中国与新型城镇化建设论坛"述评 [J]．民俗研究，2014（02）：156-159．

❸ 路璐，李嫣红．留住乡愁：记忆理论视域下特色村镇保护与发展研究 [J]．中国农史，2018，37（01）：122-130．

❹ 杨同卫，苏永刚．论城镇化过程中乡村记忆的保护与保存 [J]．山东社会科学，2014（01）：68-71．

情合理的心理本能需求。❶ 对乡愁情境的营造和再现是乡村记忆再生产的重要意义。进入回忆的内容也许不是完全意义上的真实，但必然是人们情感上所追忆的。乡村记忆再生产不只是重复生成，更是把记忆资源化为有温度的记忆，真正深入人的内心之中，被人所理解和接受，最终以一种无形力量来推动乡村记忆的再生产。

怀旧弥漫在整个社会中，是一种有选择性的、意向性很强的、构造性的回忆，是我们在以一种较为现实的方式重塑过去。怀旧已不再局限于个体成长的心路历程，而是成为一种社会化的、全民性的集体事件，一种极其普遍的社会文化景观。❷ 怀旧最基本的导向就是人类与美好过去的联系，现代人们所体验到的怀旧感不单单是个体自发产生的情感，更多取决于人们所面对的场景构造。它们传达出什么样的符号与意境，会影响怀旧主体的体验。更为重要的是，当代怀旧可以转化为一种商品，具有促进消费的潜力。罗兰·罗伯森指出，20 世纪后期的乡愁是与消费至上主义密切联系在一起的，乡愁始终存在着大量的需求，同时也有大量的供应。当前，乡村记忆所呈现的多样怀旧客体，包含记忆物质载体、记忆景观与记忆符号，都能通过营造"老"的氛围促使越来越多的游客产生怀旧的冲动和进入乡村的渴望。人们之

---

❶ 赵静蓉.文化记忆与身份认同 [M].北京：生活·读书·新知三联书店，2015：89.
❷ 赵静蓉.怀旧文化事件的社会学分析 [J].社会学研究，2005（03）：182-195.

所以怀念乡村，正是因为人们把"过去"与"家园"等具有一定象征意味的客体想象成完美的、理想化的情境，并在对此情境的感性体验中寄托某些稳定感、安全感与皈依感，借此弥合自身在当下社会所感受到的心灵空虚和精神失落，或与令人失望的现实处境形成对比，加以抗衡。[1] 在现代社会之中，人们常常为乡愁赋予极强的乌托邦色彩，令无数人获得心理安慰，这是乡村记忆传承和延续的重要意义。

第三节 个体记忆的内化及其与社会记忆的联结

文旅资本进入 T 村后，当地政府协调电力部门对村庄的电网进行了全面系统的改造并引入了数字宽带网络，村庄数字化程度得到了整体提升。数字基础设施建设的飞速推进，村民数字素养程度不断增强，打破了记忆、个体、集体与媒介之间的原有关系。尽管学界尚未就如何把个体记忆与社会记忆联结起来形成统一意见，但有一点是明确的，即处于社会中的个人是记忆的主体。社会记忆的作用在于整合了个体与集体的关系。"人是作为某种社会环境的组成部分而生活着的，他通过社会记忆和展望的

---

❶ 赵静蓉. 怀旧：永恒的文化乡愁 [M]. 北京：商务印书馆，2009：76.

纽带而与这种环境联系在一起。"❶ 若不是物质吸引力能将躯体凝聚在一起，人早已分裂成为无数个原子了；若不是社会记忆的凝聚力，人们的意识也早已分崩离析❷，更不必谈集体的存在。个体与集体的关系是互构的，个体通过将自己置身于群体的位置实现记忆；同样，群体的记忆也是通过个体记忆来实现的，群体是在个体记忆中体现自身的。❸

近年来，数字技术的进步使中国社会进入了数字社会，形成了范围无限的网络空间。这是人们在线上开展网络活动、高效便捷进行信息交流的空间，是超越特定地理边界与地方场所限制的缺场空间，也是凭借信息技术进入社会不同领域、与实体空间相互交织的在场空间。❹ 个体在网络活动中主动或被动地接受信息，这些信息不断刺激与更新着个体的感受与体验。记忆与经验一样，需要切身经历与心理体验的统一。个体在网络空间虽然无法亲身实际体验，但可以不断把经由这些信息形成的心理体验与现实生活联系起来，转化成一种经由传递而形成的经验，从而形成传递经验。❺ 个体始终是记忆的主体，作为网络节点的个体，既

❶ 雅斯贝斯. 时代的精神状况 [M]. 王德峰，译. 上海：上海译文出版社，2005：11.

❷ 韦尔策. 社会记忆：历史、回忆、传承 [M]. 季斌，王立君，白锡堃，译. 北京：北京大学出版社，2007：159.

❸ 哈布瓦赫. 论集体记忆 [M]. 郭金华，毕然，译. 上海：上海人民出版社，2002：71.

❹ 刘少杰. 网络社会的结构变迁与演化趋势 [M]. 北京：中国人民大学出版社，2019：17.

❺ 刘少杰. 网络社会的结构变迁与演化趋势 [M]. 北京：中国人民大学出版社，2019：18.

联结和分享彼此的记忆，又被赋予了更多意义。

　　基于此，安德鲁·霍斯金斯提出个体记忆与社会记忆之间已然形成了"连接性转向"，他强调数字技术与媒介的极大丰富和渗透使人们联结或栖息于社会网络之中，进而重塑时间、空间与记忆。❶数字媒介的发展能够让社会空间与网络空间中不同节点连接起来成为可能。无论是多么个体化的记忆，只要经由数字媒介进入网络空间，都能与更为广阔的文化和社会结构相连，这为乡村记忆的再生产带来了显著性的转变。无论是个体记忆还是社会记忆，都在一定程度上受制于"记忆"的技术及相关的社会—技术实践。❷何塞·范·迪克的"中介化记忆"理论，试图打通"认知—心理视角"和"社会—文化视角"，对数字时代的个人记忆作出了更为系统的讨论。❸他强调，作为私人收藏，中介化记忆形成了个人和集体相遇、互动和冲突的场所；从这些相遇中，我们可以得到重要的文化知识，关乎历史和当代自我在时间中的建构。"中介化记忆"包含了一套同时进行的记忆工作机制。首先，记忆具身地存在于大脑之中；其次，媒介物和心灵互动的过程让记忆

---

❶ HOSKINS A. 7 /7 and Connective Memory：Interactional Trajectories of Remembering in Post-scarcity Culture [J]. Memory Studies，2011，4（3）：269-280.

❷ 李红涛，黄顺铭 . 记忆的纹理：媒介、创伤与南京大屠杀 [M]. 北京：中国人民大学出版社，2017：180.

❸ DIJCK J V. Mediated Memories in the Digital Age [M]. California：Stanford University Press，2007.

成为可能；最后，记忆嵌入社会文化实践中，在身体、物质和文化的交叉点上进行表达。换言之，记忆本身成为社会文化实践的工具。在数字技术的加持下，当下个体的记忆呈现出更多的外向性。T村的记忆个体在表征与行动、内化与外化、泛化与具体化的无尽循环之中，媒介化经验和身体直接经验的结合产生了地方意象，它们在传播过程中将使个体经验普遍化，也使普遍的经验个体化。❶

在T村的文旅产业发展中，下乡企业驻村人员和原住村民都会在网络空间中进行信息的推送，包括文字、图像与视频的推送，展示内容表现为和谐友好的、贴近自然的、慢节奏的理想乡村形象，网络空间形成了T村符号的集合，围绕这些内容的分享和讨论将乡村记忆推向了更为深层次的生产过程。

记忆是旅游景观本身构建的重要组成部分。旅游是由符号集合所定义的，因为游客会在标志性图像记忆的驱动下，寻找熟悉的景点与画面。游客拍摄的照片往往会模仿传递经验中精心制作的照片，从而形成新的记忆符号。这不仅体现在照片主题的借鉴上，甚至连照片的取景视角、光线与构图都存在借鉴，这更加有助于旅游地形象的进一步复制和传播。因此，网络空间中由T村记忆主体发布和共享的这些T村传递经验在很大程度上具有展演

---

❶ 亚当斯. 媒介与传播地理学 [M]. 袁艳，译. 中国传媒大学出版社，2020：149.

和示范功能，有益于个体记忆与社会记忆之间的连接。简言之，数字技术在乡村记忆中的运用促使记忆镶嵌在社会技术实践之中，并经由这些实践而建构、分享、传播开来。

第六章 文旅资本下乡中乡村记忆再生产机制的讨论

第一节 乡村记忆再生产机制的运行机理

机制是指各要素之间的结构关系和运行方式。乡村记忆再生产机制就是对乡村记忆的发展和运行过程作出的更为细致和阶段性的解读。从一般意义上来说，乡村记忆记录着乡村社会的发展与变迁，乡村记忆再生产就是记忆的循环往复和不断更新，是一个动态的过程，而非静态的结果。本书基于 T 村文旅产业发展中的乡村记忆实践，指出文旅资本下乡引起的乡村记忆再生产机制可以用 ARDI 模型进行描述。具体而言，A 代表唤起（arouse），R 代表重构（reconstruct），D 代表开发（develop），I 代表传承（inherit）。

一、唤起是乡村记忆再生产的出发点与前提

对记忆的唤起，是乡村记忆再生产的出发点和前提。记忆想要从隐藏或潜在形式向现实形式转化，需要依靠某些事物或活动来唤起或澄显。研究发现，对记忆的唤起可以从器物、观念与制度三个维度展开：首先，从生态和建筑景观的改造出发，打造物质形态的记忆场，这从器物层面塑造了乡村记忆的视觉载体和记忆空间。其次，文旅产业的发展吸纳了大批 T 村村民回流，村民们的生产空间转移到了乡村场域，社会交往由此得到加强。同时，数字技术的进步推动了人们在网络空间的交往，社会交往的恢复和强化使一些隐没的记忆得到再现。最后，由于村庄的成功改造和村民们社会交往的强化，村庄内部的群体认同得以加强，作为乡村仪式和制度的晒谱活动复兴即是有力的证明。

二、重构是乡村记忆再生产的核心内容

社会心理学家罗杰·尚克（Roger Schank）和罗伯特·埃蒙斯（Robert A. Emmons）认为，人们对于事实要点的记忆，是围绕故事来排列的。❶ 通过叙事，乡村记忆能被再度表达和重构，人们也因此得以回忆过往，并立足当下形成新的记忆。笔者发

---

❶ 孙鹏程.《等待戈多》的历史认知叙事学分析 [D]. 杭州：浙江大学，2018.

现，乡村记忆在经过前一阶段的唤醒后，其内容逐渐丰富起来。但记忆是不断更新的，是立足于现在而产生的叙事，即根据回忆场景，重新建构逻辑并赋予意义，这些重构的内容就是乡村记忆再生产的核心内容。

符号是携带意义的感知，而记忆的核心正是符号表征，是语言与实在之间的逻辑联系，因此，记忆再现的本质就是符号化的建构过程。记忆的再生产首先是对记忆的符号化处理，基于现实情境的需要，有选择地筛选、征用与支配既有材料，使其转化成为与我们构建自身主体身份相关联、有意义的内容。这一符号化过程包括两个层面：第一个层面是从存储到重建，第二个层面是从心理实在到经验活动。因此，社会记忆的再生产，从本质上而言就是符号体系的重建和故事的再叙。通过语言与叙事，乡村记忆能够实现重构与再生，成为"可供认知、交流和建构的文化现象"❶。根据记忆的载体不同，乡村记忆可分为器物遗迹形态、文献记载形态、口头传承形态、体化实践形态与数字记忆形态五种类型。笔者发现，T村记忆的再生产与重构部分包含着对乡村故事等口头传承记忆的叙事化重构、生产劳作等体化实践记忆的具身传递、民俗节庆与传统仪式的制度化再现与乡村空间和记忆的系统重构。

---

❶ 赵静蓉. 文化记忆与符号叙事——从符号学的视角看记忆的真实性 [J]. 暨南学报（哲学社会科学版），2013，35（05）：85-90.

三、开发是乡村记忆再生产的经济目标

哈拉尔德·韦尔策曾援引阿比·瓦尔堡的"记忆能量"概念，提出了"社会记忆能量观"的概念。在乡村记忆再生产过程中，同样存在着能量的流动和转换。在记忆的唤起和重构环节，乡村记忆能量是集聚的，而在记忆的开发与消费环节则体现了乡村记忆能量的释放。在本书中，乡村记忆再生产是在文旅资本下乡背景下展开的，其重要目标就是将乡村记忆转化为经济资本，实现其经济价值。T村主要通过两条路径实现这一经济目标：一是打造慢生活体验，通过乡村环境和乡村生活方式的组合营造不同于城市的"慢"时间节奏，吸引外来人群入村体验和消费；二是通过农耕研学服务的身体体验、乡村记忆的商品化制作、乡村记忆场的集中展示向外营销乡村记忆，进而推动消费。这一过程既能够实现资本的经济目标，也是对乡村记忆的重复和强化。

四、传承是乡村记忆再生产的社会目标与归宿

除却开发环节的经济目标，乡村记忆再生产最为根本的归宿和目标是实现记忆传承，推动乡村发展。乡村记忆的传承依赖于记忆主体和记忆媒介，当地政府、下乡资本、村民群体都是乡村的记忆主体，而"媒介是社会记忆的结构要素，也是社会记忆的

表现形式以及社会记忆传承体系的构成方式"❶。媒介不仅是记忆的中介，也直接作用于整个记忆再生产的过程。数字媒介的存在使每个个体都拥有了建构社会记忆的权力。随着移动互联网的发展，人们通过微信群组、微信朋友圈及短视频平台强化了网络空间与线下社会关系的重合，这为人们生产和传承记忆，以及将线下社会资本复刻至线上空间提供了技术条件。❷笔者认为，T村从记忆的传播和记忆的内化两个方面对记忆传承进行了实践：一方面是大众传媒的多面向传播、数字媒介的再中介化传播及乡愁意象的传播，这些都是基于当地政府、下乡资本为主体作出的记忆传承；另一方面是数字技术为个体记忆与社会记忆的连接提供了可能，这为乡村记忆的内化创造了条件。

第二节　文旅资本下乡中乡村记忆
再生产的总体特征

一、主体向多元化与阶段化转变

　　一般来说，对记忆的分析往往可以从以下角度展开：记忆行为—记忆中介—记忆主体。从亚里士多德到胡塞尔，记忆研究

---

❶ 丁华东 . 档案与社会记忆研究 [M]. 北京：人民出版社，2016：322.

❷ 丁华东 . 论现代传媒与社会记忆再生产 [J]. 学术界，2015（09）：93-100，324.

都偏重于记忆行为，旨在揭示记忆行为的特征。随后，研究者们开始关注记忆对象，意在讨论记忆对象与现实对象的差异。直到哈布瓦赫提出集体记忆理论后，记忆主体才逐步作为研究对象而被人关注。记忆是在人们的日常生产生活实践与个体经历中生发的，但这一过程受到社会框架的影响。哪些个体记忆能够上升为集体记忆或社会记忆，并得到社会的保存与传播，其影响因素是复杂多样的。总体来说，T村的记忆再生产主体呈现多元化和阶段化的趋势。

首先，乡村记忆主体在再生产过程中呈现多元化趋势。尽管社会记忆是群体所共有的记忆，并且从社会中不断汲取能量，但归根结底是由群体内部的个体加以承载的。❶换言之，记忆是体现在个体身上的，记忆的主体是多元的。文旅资本的入驻使传统乡村成为充满关系的资本场域，即以文旅产业为中心而形成的非实体性客观关系网络，其场域中的行动主体囊括了地方政府、下乡文旅资本、村民、村庄与游客等，这些行动主体彼此之间互相联系，同时还与政治与经济制度、历史和文化传统形成了一定的联系。❷

在发展文旅产业之前，T村的记忆主体或叙事主体是村里"有学问的人"或"说得上话的人"，如村里的"五老"群体，他们

❶ 哈布瓦赫.论集体记忆[M].郭金华，毕然，译.上海：上海人民出版社，2002：39-40.

❷ 彭兆荣.旅游人类学[M].北京：民族出版社，2004：7.

对于村庄历史的讲述似乎是权威的，但女性村民往往很难成为记忆讲述者。在发展文旅产业后，数字媒介迅速扩充了人们进行记忆的渠道，成为乡村记忆建构的新工具。这一多元化倾向主要表现为：第一，来自村民甚至是游客群体的自下而上对乡村记忆的建构。在这一过程中，乡村记忆的主体受到行政意识形态与市场利益规则等因素的影响相对较少，更多的是个人情感与身体体验的展现。由于不再受限于记忆表达的渠道和记忆记录的工具，个人能够为自己的乡村记忆找到适合的展示平台，部分人群还可以借助数字媒体对乡村记忆进行经济资本的转化，如从事旅游服务业的村民定期在抖音平台上传乡村风景与美食视频，进行商业宣传。第二，常人化的叙事内容更多地出现。在此之前，新闻媒体机构青睐于使用"私人化"话语策略，侧重讲述重要人物的记忆故事❶，并没有关注到"常人"，即普通人的记忆故事。数字化时代，以数字媒介呈现为表现形式的社会记忆能够以常人为主角，围绕着普通人的日常生活展开记忆叙事。在文旅资本进驻的 T村，尽管资本依然是乡村记忆建构的主体，但个体也能实现一定程度的社会记忆建构实践。同时，正是由于个体化记忆视角与常人化的叙事，T 村的乡村记忆也更加丰富了，生活化程度更高了。例如，游客群体在进行旅游体验后，积极在网络平台分享富有个

---

❶ KITCH C. Pages from the Past：History and Memory in American Magazines [M]. North Carolina：University of North Carolina Press，2006.

人特色的游玩经历，成为个人的旅行记忆，也成为乡村记忆的数字化呈现。因此，本书认为，除了当地政府和下乡资本外，乡村记忆主体呈现更加多元的趋势。

其次，乡村记忆主体在再生产过程中表现出阶段化的趋势，但在不同的再生产阶段是有所不同的。乡村记忆具有传承性，乡村记忆中的个体部分并不限于个体的亲身经历，还包括前人的记忆传递，主要表现为传统习俗与个人经历两个方面，这些乡村记忆通过口述叙事与身体演练两种方式传递。在乡村社会发展的不同阶段，乡村记忆主体也存在差别。在数字媒介广泛使用的当下，T村的乡村记忆主体更加多元，部分记忆的叙事呈现个体化倾向，这改变了记忆主体的权限，重新定义了有权记忆的主体。曾经，乡村记忆是由生活在本村的村民群体通过代代相传与日常交往形成的，但在数字媒介介入后，村民、游客、政府甚至下乡企业等都可以成为新的记忆主体，他们既能以在场方式进行记忆生产，也能够在网络空间参与乡村记忆的建构。多数的记忆研究对于记忆的建构和传播都持有"权力控制"的取向，那么除了由政府主导的官方记忆外，所谓的民间记忆又是由谁来记录呢？事实上，以群体意识为基础的记忆与以个体体验为基础的记忆在多数情况下存在着张力。❶当前，随着社会经济的进步与媒介技术的发

---

❶ 雷颐.""私人叙事"与"宏大叙事"[J].读书，1997（06）：98-100.

展，大众逐渐获得机会书写自己的记忆，他们以更为饱满的热情和更为便捷的方式参与到了乡村记忆的生产，实现了"大众书写历史"。换言之，通过网络与数字媒介，大众参与记忆再生产的对话平台得以建立。

二、媒介呈现数字化与融合化趋势

社会记忆是一种广泛存在的社会现象，对于人类社会知识的积累、经验的传递、文化的传承及科技的进步具有强大的驱动作用。社会群体基于自身的实际需求，会在潜意识中或者主动延续和更新社会记忆，让记忆在反复的更新和代际的传递中呈现出来。这就是社会记忆建构的过程，也是社会记忆再生产的过程。社会记忆的表现形态和传播媒介丰富多样，往往通过各式各样的社会实践与文化活动，或物质形式载体来加以传播和强化。[1] 社会记忆是在一个群体中通过多种媒介保存下来的，因此，媒介不仅是记忆主体与记忆客体之间的中介和桥梁，也是社会记忆最天然的形式。更准确地说，媒介不仅是社会记忆的传播中介，也是社会记忆的表现形式[2]，在构建和表征地方意象中起着重要作用。

---

[1] 加小双，徐拥军. 国内外记忆实践的发展现状及趋势研究 [J]. 图书情报知识，2019（01）：60-66.

[2] 丁华东. 档案与社会记忆研究 [M]. 北京：人民出版社，2016：322.

　　T村因其"电商小镇"的重要定位，在当地政府的主导下很快完成了数字宽带的安装与配置。政府与企业还积极对村民进行移动互联网使用的培训，帮助村民快速熟悉数字媒介和智能手机。对于T村而言，乡村的振兴实践极大程度上助力了其数字乡村建设，这不仅从硬件设施层面为村庄全域配置了数字宽带设施，而且从观念与心理层面为村民群体树立了数字生活的理念。乡村社会生活就此发生了数字化转变，互联网的接入不仅丰富了乡村记忆的内容，也直接导致了乡村记忆的扩张。❶

　　首先，在乡村记忆再生产的反复挖掘、重组与展演过程之中，大众媒介不仅承担着改变记忆形式和外表的责任，而且还扮演着将乡村记忆纳入"不同观念系统中"进行表达与传播的角色，可谓集生产者、传播者与叙事者三重角色于一身。这不仅增强了社会记忆再生产的力度和广度，也拓展了社会记忆再生产的路径与空间。主流大众媒介往往代表着权威，因而能够掌握记忆生产的内容与过程，并借此构建出新的记忆。报纸、杂志、广播、电视都是T村记忆再生产可以使用的媒介。

　　其次，乡村记忆的再生产离不开数字媒介与传统媒介的有效结合。作为媒介的文字、图像、身体、地点等都与记忆息息相关，以互联网为代表的数字媒介带来了跨时代的技术变革，记

---

❶ 吴世文，杜莉华，罗一凡. 数字时代的媒介记忆：转向与挑战 [J]. 青年记者，2021（10）：9-11.

忆的建构与传播都深受影响。阿莱达·阿斯曼指出,"当互联网创造出一个无远弗届的交流框架时,文化记忆也创造出了一个穿越时间长河的交流框架"❶。与此类似的是,阿斯特莉特·埃尔在《文化的记忆》中提到"若无媒介在个体和集体这两个层面所扮演的角色,文化记忆根本无可想象"❷。这里的媒介外延异常宽泛,从家庭内部的交流、口头与文学传统、文字印刷、摄像视频、广播电视及互联网等不同类型媒介,再到纪念碑等承载着象征意义的物质实体都包含在其中。当前,数字媒介的使用已经作为一种流动生活景观,逐步嵌入乡村社会的日常生活中。数字媒介的出现,重构了时空概念,极大地改变了构造社会记忆的规模、速度和质量,真正意义上的大众开始进入集体记忆的生产队列,改变了记忆的形态与建构机制。❸ 因为媒介"并不简单地传递信息,它发展了一种作用力,这种作用力决定了我们的思维、感知、经验、记忆和交往的模式"❹。事实上,T村的记忆再生产

---

❶ ASSMANN A. Canon and Archive [M]// ERLL A, NÜNNING A. Cultural Memory Studies: An International and Interdisciplinary Handbook. Berlin & New York: Walter De Gruyter, 2008: 97.

❷ ERLL A, NÜNNING A. Cultural Memory Studies: An International and Interdisciplinary Handbook [M]. Berlin & New York: Walter De Gruyter, 2008.

❸ 胡百精. 互联网与集体记忆构建 [J]. 中国高校社会科学, 2014(03): 98-106.

❹ 克莱默尔. 传媒、计算机和实在性之间有何关系? [M]// 克莱默尔. 传媒、计算机、实在性——真实性表象和新传媒. 孙和平, 译. 北京: 中国社会科学出版社, 2008: 5.

正处于"个体记忆、群体记忆与媒介记忆共同构成的交互记忆系统"❶之中。

三、内容由凝固向流动转变

社会记忆是人与人、人与社会、人与自然在交往互动中积累下来的关于生产生活的经验，受不断变动着的社会结构的限定与影响。无论是近期的记忆还是遥远时期的记忆，都是一个群体共有思想的一部分，即记忆是连续的。施瓦茨指出，集体记忆既可以看作对过去的一种累积性的建构，也可以看作对过去的一种穿插式的建构❷，这反映出当前 T 村记忆再生产的一种重要趋势，即内容由凝固转向流动，也就是说乡村记忆再生产的内容摆脱了高重复事件，转向更为丰富多元的情况。

第一，社会记忆是立足于社会结构基础而生发的，具有一定程度的稳定性，承担着群体认同和文化赓续的职责。因为"社会习惯记忆的作用机制是，只要社会环境结构不发生重大变化，人们便会习惯性地重复这样的实践，更不会理性地考量这一实践的利与弊"，"记忆的责任不仅在于深切关怀过去，还在于把过去事

---

❶ 邵鹏. 媒介记忆与个人记忆的建构和博弈 [J]. 当代传播，2012（04）：26-28.

❷ 钱力成. 作为记忆的声誉——美国声誉社会学作品概览及启示 [J]. 中国图书评论，2017（08）：62-66.

件的意义传达给下一代"❶，因而记忆在进行再生产时，会通过对以往叙事的再加工和再组织，在原初记忆事件的基础上对记忆所包含的历史知识和信息进行反复加工，使记忆事项的内容叙事保持一致。乡村记忆同样如此，在大部分乡村的记忆往复循环中，记忆的内容是相对凝固的。村庄内部个体之间的共同记忆比较趋同，个体在大部分情况下都存在着"记忆与共"的情况，这也成了乡村群体认同的社会基础，即"我们保存着对自己生活的各个时期的记忆，这些记忆不停地再现；通过它们，就像是通过一种连续的关系，我们的认同感得以终生长存"❷。

第二，文旅资本下乡背景中的乡村记忆再生产内容已逐步显现流动性特征。一方面，由于多元叙事主体的存在，出于主体各自的社会背景与现实倾向，他们会形成不同的叙事体系或叙述内容，继而再生产出的记忆内容会存在差异；另一方面，乡村记忆的再生产不是对过去的简单复刻，对记忆内容的传承也是一个筛选的过程。过去常常被选择性地重建，因此记忆再生产常常涉及对遗忘和建构的选择，也就是说记忆再生产会有选择地进行澄显与遮蔽。出于价值判断或情感倾向等因素，部分记忆会被隐藏。

---

❶ RICOEUR P. Memory and Forgetting [M]// KARNEY R，DOOLEY M. Questioning Ethics. London：Routledge，1999.

❷ 哈布瓦赫 . 论集体记忆 [M]. 郭金华，毕然，译 . 上海：上海人民出版社，2002：47.

例如，在 T 村，虽然游客们会通过乡村记忆找寻归属感，但城市人群与农村人群具有文化和生活方式上的区隔。因此，T 村向外界人士展示出来的乡村记忆不完全是真正的乡村生活，而是经过再加工、再选择与再建构的。此外，乡村记忆的当代转型是以数字技术为核心的，与个人记忆相似，乡村记忆在其再生产过程中也存在着变形与失忆的情况。

四、取向兼具消费性与生产性

阿莱达·阿斯曼认为，"过去并非能够直接记起的，而是取决于意识行为、想象重构和媒介展现。因此，记忆的中心问题就是再现"❶。记忆是人类的一种心理活动，它是对过去的回顾。与之类似，社会记忆的再生产也必须通过对过去的再现或回忆才能得到维持。然而，"对过去的追忆并不是简单的信息检索，而是动态的、建构性的过程。所谓记忆，就是取过去之片段，服务于当下的感知与需要"❷。因此，T 村在其文旅产业发展实践中涌现出新的乡村记忆也是生动又现实的过程。传统的 T 村是复杂性极低的熟人社会，人与人之间的熟悉使村子非正式地建构起了一种

❶ 埃尔，冯亚琳. 文化记忆理论读本 [M]. 余传玲，译. 北京：北京大学出版社，2012：117.

❷ SCHWARTZ B. The Social Context of Commemtation: A Study in Collective Memory [J]. Social Forces, 1982, 61（2）: 374-402.

情境：在这种情境中，每个人都处于描绘和被描绘之中，村庄的日常生活几乎没有给个体留下很多的发挥余地，个体在村庄范围内似乎拥有着同样的生活和记忆。乡村记忆完全可以帮助村民在乡村场域中实现社会化与日常交往，此时的乡村记忆再生产是生产取向的，仅用于维持乡村社会的轮番更替和塑造成员的群体认同与社会规范。

文旅资本下乡后，村庄的居住人员逐渐复杂，旧有的生产劳作与生活方式发生了改变，曾经的乡村空间发生了变化。作为扎根于乡村生活之中的乡村记忆，内容必然发生变化且日趋复杂。此时，信息技术与数字媒介在全村的普及，为村庄搭建了相互交织的关系网络，既有的封闭的记忆秩序逐步转变成为公开化和去中心化的记忆网络，记忆的权力扩散到大众手中。事实上，乡村记忆再生产消费取向的出现是自然而然的。一方面，乡愁情感与怀旧倾向的不断萌发推动村外人群向村庄靠近；另一方面，手机移动客户端"一站式入口"所承载的微博、微信朋友圈、公众号、抖音、快手、小红书等增强了村庄与外部社会关系网络的重叠。文旅产业的发展更是为 T 村记忆生产走向消费端提供了可能。乡村记忆再生产的消费取向并非对记忆的物化和消解，而是对记忆的开发与消费。

第三节 文旅资本下乡中乡村记忆再生产 对乡村秩序的影响

　　康纳顿认为，每一种社会秩序之下的群体成员都应具备相同的记忆，如果群体成员在追溯过去时产生了分歧，那么他们将不再共享记忆和经验。[1] 每一处村庄都有其存在的社会秩序，界定着村庄内部成员的社会角色、社会地位与行为规范，是维护村庄结构平衡与空间运转的重要基础。乡村记忆弥散于乡村空间，以一种集体意识的方式，通过社会规范与关系网络塑造着清晰的具象的现实社会，规范和影响着乡村社会中人们的交往方式与生活模式，从宏观与微观层次维系着乡村的社会秩序。同样，乡村记忆也维系了个体与群体的关系，因为"任何社会秩序下的参与者必须有一个共同的记忆"[2]，而群体的记忆总是通过个体记忆来实现。英国社会学家安东尼·吉登斯（Anthony Giddens）在其著作《社会的构成》中将人们头脑中的结构观念称为"记忆痕迹"，强调是人们在日常生活实践中日积月累形成的习惯性的实践意识支

---

❶ 康纳顿. 社会如何记忆 [M]. 纳日碧力戈，译. 上海：上海人民出版社，2000：2.

❷ 康纳顿. 社会如何记忆 [M]. 纳日碧力戈，译. 上海：上海人民出版社，2000：3.

配着人们的社会行动，而非社会系统的外在结构。**❶** 所谓实践意识，就是行动者在社会生活的具体情境下，无须言明就知道如何进行的那些意识，具有日常性与惯例性**❷**，这恰恰正是社会记忆的具身化形态。乡村记忆系统所形塑的价值观念、行为准则、社会规范等不仅是个体的精神寄托，也为社区内部各种社会关系的调适提供了丰富的社会资源，是乡村秩序结果再生产的关键。记忆通过集体无意识的方式渗透到日常生活，实现社会秩序的建构。**❸**

乡村记忆不限于抽象的精神产品，更凝结于信仰习俗、家庭宗族、礼俗人情、乡规民约等制度范畴，隐身于乡村的种种仪式与身体实践之中，通过影响村民思想观念和行为方式发挥维系乡村秩序结构的基础性规则作用。当前，T村在振兴发展过程中，乡村的生产方式、生活方式与乡村空间发生了极大的变化，乡村共同居住的空间基础与线下交往的社会情境发生了转变，但村民群体之间依然能够达成共识。村民之间存在大量背景性共享知识与情感，即交往记忆与文化记忆。尽管社会始终处在不断变更的过程之中，但乡村记忆维系了传统乡村文化的精神文化特质，以文化价值规范和认同凝聚功能共同推动了乡村社会的前进与发

---

❶ 吉登斯. 社会的构成 [M]. 李康，李猛，译. 北京：生活·读书·新知三联书店，1998：79-80.

❷ 刘少杰. 后现代西方社会学理论 [M]. 北京：北京大学出版社，2014：256.

❸ 杨雪云，丁华东. 社会记忆与地方社会秩序——以徽州历史档案为分析对象 [J]. 档案学通讯，2010（06）：14-17.

展。乡村记忆再生产作为一种社会再生产，与制度、习俗、规范
等一起，共同起到了维护乡村社会秩序的黏合作用。本书基于 T
村发展实例，发现乡村记忆再生产从乡村社会的时间感知秩序与
人际互动秩序两个层面发挥作用。

一、时间感知秩序：由"无事件境"转向快速变迁的"事件感"

吉登斯认为，"社会系统是经由时空而形成"的，时间在其中
发挥着两个重要功能，一是帮助社会系统不断实现再生产，二是
促进社会秩序的稳定。[1] "社会时间是人类社会存在的形式，是人
们的主观体验性存在。"[2] 伊维塔·泽鲁巴维尔（Eviatar Zerubavel）
在其著作《时间地图》（*Time Maps*）中强调人的认知与记忆涉及人
们如何看待过去和时间，这关系到过去是如何在我们头脑中被记
住和组织的。[3] 社会学家曼纽尔·卡斯特（Manuel Castells）将时
间分为三类：第一种是有躯体的时间，指传统农业社会中人们按
照自然节奏感知的时间；第二种是时钟时间，指 18 世纪钟表发

---

[1] 景天魁，何健，邓万春，等 . 时空社会学：理论与方法 [M]. 北京：北京师范大学
出版社，2012：20.

[2] 景天魁，张志敏 . 时空社会学：拓展与创新 [M]. 北京：北京师范大学出版社，
2016：353.

[3] 泽鲁巴维尔 . 时间地图：集体记忆与过去的社会面貌 [M]. 黄顺铭，译 . 成都：四川
大学出版社，2023：4.

明后的时间模式，如现代意义上的社会运行时间；第三种是无时间的时间，指网络社会中的时间形态。在网络虚拟时空中，传统的"线性的、不可逆转的、可以度量、可以预测的时间"彻底被打破了。❶与此相似的是，传统社会中时间指向的是媒介对自然时间的分割和确定方式。邵培仁与黄庆将时间与社会形态的关系变化划分为三个阶段：自然时间与农业文明，钟表时间与工业文明，媒介时间与信息社会。❷网络新兴媒介逐步影响了人们对于传统时间的认识，它不仅重塑了人们日常生活的时间建构，改变了人们对社会关系的认知和解释，也影响着人们的社会行为。手机、网络等新媒体的个人性、即时性与互动性对人们日常生活时间秩序的建构影响更加明显。媒介实践改变了时间本身被象征的特征，使其成为一种流动的时间感知，这种感知是人们在经历日常生活时所感受到的"时间性质"。❸换言之，人们并不会认真思考怎么样去表达和使用时间，而是用自然和默会的方式在经历时间。❹

---

❶ 卡斯特. 网络社会的崛起 [M]. 夏铸九，王志弘，译. 北京：社会科学文献出版社，2006：400-403.

❷ 邵培仁，黄庆. 媒介时间论——针对媒介时间观念的研究 [J]. 当代传播，2009（03）：21-24.

❸ 赵建国. 传播学教程 [M]. 郑州：郑州大学出版社，2012：188.

❹ 厄里. 关于时间与空间的社会学 [M]// 特纳. Blackwell 社会理论指南（第 2 版）. 上海：上海人民出版社，2003：509.

诺贝特·埃利亚斯（Norbert Elias）指出，在流动的时间长河中，事件应当是按照一定次序历时排列，而非杂乱无章地共存于一个平面的心理图景。这不是一种天赋的认知能力，而是他所讨论的一种文明化进程长期发展的结果。❶因为人际互动范围的扩展，要求在更多的原来不可直接比较的事件之间建立起可比较的关系，这种比较就必须引进第三方与标准化的时间序列作为媒介才可能实现。因此，这个第三方就是一定区域内的公共时间坐标。正如前文所述，不同社会形态呈现出不同的公共事件坐标，时间不再只是由单纯的生态学因素来决定，而是由社会结构关系来决定，是社会群体之间关系的反映。❷就如同人造物"日历"定义了一个社会的基本时间结构一般，这一结构也限制了人们想象过去的方式和能力。❸针对村民群体对公共时间的感知问题，学界展开了探讨，最经典的便是方慧容在对西村农民土地改革时期社会生活的记忆研究中提出的"无事件境"概念。她认为，在传统农村社区，占据支配地位的是"无事件境"记忆，即事件无序地混杂在一起，事件之间的细节互相交错，无法清晰分辨出

❶ 埃利亚斯. 文明的进程：文明的社会发生和心理发生的研究 [M]. 王佩莉，袁志英，译. 上海：上海译文出版社，2013.

❷ 普理查德. 努尔人——对尼罗河畔一个人群的生活方式和政治制度的描述 [M]. 褚建芳，译. 北京：华夏出版社，2002：114.

❸ 泽鲁巴维尔. 时间地图：集体记忆与过去的社会面貌 [M]. 黄顺铭，译. 成都：四川大学出版社，2023：7.

来。这是一种特殊的事件记忆心理，根本原因在于农村社区的生活相对缺乏"可比较的关系"。

在乡村社会，"无事件境"包括以下四种类型：一是日复一日的各种农业生产活动，如周期性的农忙和农闲；二是家庭琐事与邻里关系；三是民间娱乐活动；四是"历史的入侵"。T村在发展旅游产业前，劳动力流失严重，村民的记忆生态基本呈现的是"无事件境"心理。随着T村土地与房屋的流转，村庄社会结构在生产方式、生活方式与乡村空间维度方面发生巨大变迁，村民的时间感知秩序随之发生转变。

作为乡村旅游重点村的村民，他们的日常生活体验日渐丰富，产生的乡村记忆也逐渐充沛。人们在叙述关于过去的故事和情节时，不免要将故事安置在过往的时间刻度中。然而，社会时间的意义有无，完全在于主体的心理感受。时间本身毫无意义，人们有了主观感受才使其存在意义。"记忆是时间意识及其意识现象得以产生的条件"，村民的记忆镶嵌在乡村大事件所构成的时间序列之中。当个人在进行回忆时，总是要返回那些地域性的重大事件中。乡村旅游带来的各种节点性事件都为村民的记忆打下了时间结。政府政策的实施、企业建设的过程、村民搬迁的进展、旅游空间的改造，这些具体事件给乡村带来了详细而有序的时间秩序。因为有着具体的时间节点，什么时候征地、什么时候征房、什么时候企业进村、什么时间旅游景点对外开放，都呈现出明确的前后顺序。加上村民群体对于村庄的认同感和荣誉感，他们的记忆生产逐渐适应了快速变迁的村庄结构，展现出清晰的事件感，这也重塑了村庄的时间秩序。T村村民的时间感知主要表现在以下两个方面。

第一个方面是村民群体在对T村景区建设以及下乡企业经营状况进行回忆时所展现的统一的时间叙事。他们的表达是基于公共时间序列上的事件排列与记忆追溯，即以政府与企业逐步进入乡村的公元时间为依据，从曾经的"无事件境"转向清晰的"事件感"。这既是大众媒体宣传的结果，也是村民亲身经历后的记忆回溯。在笔者进行观察和访谈中，几乎每一位村民都对T村景区中下乡企业的经营盛况印象深刻，并作出了内容相似、饱含细节的描绘：

> 下乡企业是我们巢湖经济开发区2015年招商引进来的。我们村发展特别快，道路和房子改造特别快，旅游发展也快，那游客简直是人山人海。我记得可能是18年（2018年）的四五月份吧，我就在隔壁安置小区吃饭回来，外面这条半汤大道完全走不通。一两公里的路走一两个小时，都有交警在指挥才行。那么多人来这玩、来这看，我看到我原来的村子现在这么成功，心里很高兴。（男，74岁，T村退休干部，2022年7月，T村农家乐饭店）

最热闹的时候，大概就是 2017 下半年到 2018 年，不是我自夸，你来老街吃饭都要排队的，走都走不通。都是外地人到这儿来玩，玩累了就要吃饭。你别看我们这儿这么多饭店，但就是排不上号，只能等，有时候都要等个把小时，当时生意都太好做了。（女，36 岁，餐饮店老板，2022 年 7 月，其经营餐饮店）

我就是餐饮部的嘛，所以我知道。我自己是 2016 年过来的，在里面干了很长时间了。我就在村口土菜馆，当时人真的特别多，多到都水泄不通，真是忙不过来。后来公司把进村的路线改了，限制车辆走，生意就有点淡了，但也还可以。那时候基本是旅行团过来，好多人都是成团来的，很多周边的外地人来，本地也有好多人，因为也不收门票嘛。那会儿，江苏的，浙江的，还有北京的呢！都到这来看、来玩。哎呀，我当时感觉自己在 T 村里面上班，作为一个巢湖本地人，都感觉很荣幸的。五湖四海都有人知道我们这儿，都有人过来这边玩。（女，29 岁，下乡企业餐饮部员工，2022 年 6 月，线上访谈）

第二个方面是文旅资本进驻乡村，使 T 村迅速实现了由第一产业向第三产业的过渡，村民们的生计模式多元发展，相应地，他们的时间支配类型也发生了转变。返回村庄从事农业种植或家禽养殖的村民，他们的时间感知依然保留着农业时间秩序；返回村庄从事旅游服务业的村民，他们的时间感知与村庄旅游淡旺季保持一致；返回村庄从事数字电商行业的村民，在回忆时的时间感知更集中于电商的时刻秩序。村庄时间感知秩序的分化充分表明记忆的生成受到社会框架的限定。

二、人际互动秩序：新型差序格局

对乡村社会而言，乡村记忆是乡村共同体的精神家园，规范与影响了乡村社会中人们的交往方式与生活模式，维系着既有的乡村社会关系和互动秩序。因此，"乡村社会何以可能"的答案是，乡村记忆作为乡村文化、观念、习俗与心态，塑造了乡村共同体，并通过制度媒介保障了乡村秩序体系的再生产。[1] 因此，乡村社会因记忆的存在而获得了团结的动力。贺雪峰指出，村庄精英与社区记忆是理解村庄性质的二维框架[2]，如果村庄失去了记忆，那么其基本生产生活秩序也将受到影响。乡村记忆是乡村社会资本的一种，存在于社会结构之中。乡村记忆在意识层面上形塑着乡村秩序，可理解为从仪式与身体两个维度展开。一方面，

---

[1] 郑杭生，张亚鹏.社会记忆与乡村的再发现——华北侯村的调查 [J].社会学评论，2015，3（01）：16-23.

[2] 贺雪峰.村庄精英与社区记忆：理解村庄性质的二维框架 [J].社会科学辑刊，2000（04）：34-40.

乡村记忆的仪式激发了群体的内化集体性与认同感，能够将社会中不同主体凝聚起来，支配他们的行为；另一方面，康纳顿所言的身体实践，包括体化实践与刻写实践，合力保证了乡村秩序的延续。新时期以来，乡村物质形态、生产方式、传统文化、村落成员与社会环境都随着地理与社会流动而产生了巨变，乡村由同质走向异质、由静态转向流动，此时乡村记忆的生产就成为秩序的主要来源。❶

乡村稳定与否关乎国家治理的成效。早期梁漱溟、晏阳初、吴文藻、林耀华、费孝通、许烺光、杨懋春、李景汉等学者都对中国乡村展开了系统的社区研究，试图以村庄研究呈现中国社会的整体面貌。费孝通用"差序格局"准确指出了中国传统乡土社会最基本的结构特征，即乡土社会中个体的社会关系是按照亲疏远近的差序原则来建构的。他将"乡土本色"概括为"乡土性""与泥土不可分离""农村人口具有流动性""聚村而居""无讼"等特点，指出乡土社会秩序表现为"礼治秩序"，这里的礼是社会公认合适的行为规范。乡村建设运动组织者梁漱溟认为中国社会是伦理本位与职业分立的❷，金耀基指出中国社会是"关系

---

❶ 房静静，牛喜霞. 新中国成立 70 年来乡村社会秩序的变迁及其解释框架 [J]. 天府新论，2022（04）：119-124.

❷ 梁漱溟. 乡村建设理论 [M]. 上海：上海人民出版社，2011：25.

本位"的❶。

在费孝通提出"熟人社会"与"差序格局"后，差序格局又有多种分类方法。黄光国提出差序格局中存在着情感性、工具性与混合性三种人际关系模式❷；杨中芳指出差序格局呈现亲人、熟人与生人的三分格局，血缘关系的亲近、交往感情的深浅与交往工具性目的有无是影响差序格局构建的三个重要因素❸；杨宜音从社会心理学出发对差序格局中"我们""他们"的概念作出了探讨❹。总之，在诸多差序格局的类型划分中，最基本的方法是将人分为自己人（圈内人）和外人（圈外人），圈子内外的有差别对待是差序格局的重要特征。

21 世纪以来，不断加速的城镇化进程加快了社会流动程度，村庄社会结构逐步重构，乡村秩序的社会基础也发生了转变。村庄在市场化冲击与行政力量下沉的作用下逐步走向法理社会。对于村庄新形态，不同学者给出了不同的定义，如贺雪峰的"半熟

---

❶ 金耀基.关系和网络的建构——一个社会学的诠释 [M]. 上海：上海教育出版社，2002.

❷ 黄光国.人情与面子 [J]. 经济社会体制比较，1985（03）：55-62.

❸ 杨中芳.本土心理学研究 [M]. 台北：桂冠图书公司，1999.

❹ 杨宜音.关系化还是类别化：中国人"我们"概念形成的社会心理机制探讨 [J]. 中国社会科学，2008（04）：148-159.

人社会"❶，吴重庆所界定的"无主体熟人社会"❷，以及苟天来与左停所描绘的"弱熟人社会"❸等。只要乡村空间犹存，差序格局就依然存在。不同的是，现阶段中国乡村社会差序格局逐渐出现理性化趋势。❹ 笔者基于文旅产业发展前后 T 村的记忆再生产机制，发现当前乡村内部人际互动秩序呈现新型差序格局，主要表现在两个方面。

第一个方面是随着社交距离与时空范围的扩展，乡村社会格局呈现扩大化的"内外有别"。传统社会中，村民的人际交往在大部分情况下均遵循着特殊主义逻辑，常见的表述有"差序格局""情境中心""关系取向""内外有别"等。这种内外有别的交往逻辑最为核心的特征是其范围的伸缩性和边界的通透性。范围的伸缩性是指在不同的时间与情境下，"自己人"范围中的人是不同的，时而多时而少。边界的通透性则是指"内"与"外"的边界取决于个体身份的先赋性与后致的交往性，即个体之间的交往将会促使原有的结构产生波动，并为新关系格局的搭建提供可能。本书沿用这一表述，认为 T 村的村民群体事实上仍然秉持着"自

❶ 贺雪峰. 半熟人社会 [J]. 开放时代，2002（01）：114-115.

❷ 吴重庆. 从熟人社会到"无主体熟人社会" [J]. 读书，2011（01）：19-25.

❸ 苟天来，左停. 从熟人社会到弱熟人社会——来自皖西山区村落人际交往关系的社会网络分析 [J]. 社会，2009，29（01）：142-161.

❹ 杨善华，侯红蕊. 血缘、姻缘、亲情与利益——现阶段中国农村社会中"差序格局"的"理性化"趋势 [J]. 宁夏社会科学，1999（06）：51-58.

己人—外人"的处事逻辑:"外人"可以通过交往发展为交往性"自己人"或身份性"自己人",最终成为"自己人";同时,"自己人"也可能因为社会关系的远离或特殊因素逐步成为"外人"。

文旅产业发展后,随着 T 村经济活动的日益频繁,这一内外有别的秩序体系逐渐扩大,原本清晰的村庄内外部界限被打破,"内群体""外成员"成员成分逐渐复杂。依据村庄成员社会关系距离的远近,T 村的社会成员"自己人—外人"的区分逐步形成。在文旅资本下乡后,T 村的"自己人"不仅包含村庄原住村民,还包含下乡企业进驻村内的员工群体,以及当地其他村庄在村内服务的人员,彼此的利益关系更加紧密了;"外人"则指外出发展的村民的子辈们与游客群体,如在房屋征收补偿环节,有村民认为自己读书进城的儿子也应该被算为村庄人口,得到房屋面积补偿,然而其他村民对此并不认可,这也是一种典型的"自己人"退化为"外人"的情况。在 T 村文旅产业发展过程中,这一"内外有别"属性持续存在,并呈现扩大化和流动化的趋势。如前所述,T 村的乡村记忆再生产主体身份多元、类型多样,而乡村流动性的增强促使乡村内部群体跨越时空界限,乡村人际互动秩序在时间与空间范围内都得到了扩展。如 T 村下乡企业的员工常年在村里居住,其工作与生活环境都围绕着 T 村,在节庆期间工作人员还会扮成"福星"或"财神"在村中走访并向村民发放红包,从而拉近与村民的关系。随着时间的推移,像这类"情感"与"利益"都会使村庄内部的外来人群，在原住村民的心中逐渐偏向"自己人"的范畴。

第二个方面是人们在合作和交往时所遵循的秩序规则逐步稳定，表现为情感与利益逐渐平衡的差序格局。关于"差序格局"的大量研究指出，现阶段中国农村的"差序格局"已显现出理性化趋势❶，其中"利益"所占比重日益显著，"差序"关系也就在一定程度上呈现"情感＋利益"的混合形态，即"义"与"利"的混合。这种传统"差序格局"中工具性和情感性要素逐渐明显，即差序格局中蕴含着伦理、情感与利益三重要素，关系在"差序"上的亲疏远近取决于这三重因素的组合。❷在 T 村的发展进程中，村庄以获利为目的的利益秩序一度极为显著，T 村退休教师曾经感慨有些人对于金钱的追求已经超越了邻里情谊与家族情感，村民们对村庄事务的关心程度逐年下降。

但在文旅资本进入 T 村并展开建设后，这一情况得以好转，村庄人际互动秩序中情感因素逐渐恢复，这与村民回归村庄和乡村传统文化的兴盛紧密相关。文化是乡村的精神底色，是社会成员所掌握和接受的所有才能和惯习的复合体，包含知识、信仰、艺术、道德和风俗等内容，具有价值引导、社会规范和群体聚合

---

❶ 杨善华，侯红蕊.血缘、姻缘、亲情与利益——现阶段中国农村社会中"差序格局"的"理性化"趋势 [J].宁夏社会科学，1999（06）：51-58.

❷ 陈俊杰，陈震."差序格局"再思考 [J].社会科学战线，1998（01）：197-204.

等功能，而乡村记忆恰恰是由社会成员所共享的。通过乡村记忆聆听过去的指引，能更好地指导现代化乡村建设，为讲好乡村故事提供思想源泉，这也是乡村记忆推动乡村振兴的出发点。

附录　受访者基本信息

序号	职业	姓名 （拼音缩写）	性别	年龄 （周岁）	受访时间	受访地点
1	政府工作人员	HZR	女	35	2022 年 6 月	其工作地点
2	下乡企业社长	SZ	男	43	2022 年 6 月	T 村青年旅社
3	下乡企业营销部负责人	XZF	男	38	2022 年 6 月	T 村青年旅社
4	下乡企业餐饮部员工	CF	女	29	2022 年 6 月	线上访谈
5	下乡企业景区保安队长	XDG	男	47	2022 年 7 月	T 村农家乐饭店
6	下乡企业企划部员工	LM	女	33	2022 年 8 月	其电商工作点
7	下乡企业营销部员工	ZJ	男	29	2022 年 8 月	线上访谈
8	T 村退休干部	CBX	男	74	2022 年 7 月	T 村农家乐饭店
9	T 村党支部书记	HSJ	男	42	2022 年 7 月	T 村党群服务中心
10	下倪村村民／景区保安	RBA	男	50	2022 年 7 月	T 村景区保安亭

序号	职业	姓名（拼音缩写）	性别	年龄（周岁）	受访时间	受访地点
11	倪黄村村民 / 景区清洁工	DN	女	71	2022 年 7 月	安置小区
12	汤山徐村村民甲	XDN	男	47	2022 年 7 月	T 村农家乐饭店
13	汤山徐村村民乙	XDZ	女	52	2022 年 7 月	其经营水果店
14	大奎村村民 / 农家乐店主	XLB	男	48	2022 年 7 月	其经营农家乐饭店
15	大奎村村民 / 餐饮店老板	TCG	女	36	2022 年 7 月	其经营餐饮店
16	大奎村村民 / 餐饮店老板父亲	TFQ	男	60	2022 年 7 月	其经营餐饮店
17	倪黄村 / 退休教师	NXM	男	66	2022 年 7 月	T 村农家乐饭店
18	邹家庄 / 返乡商人	SJM	男	70	2022 年 7 月	T 村农家乐饭店
19	新庄村民 / 餐饮店老板	LSZ	男	53	2022 年 7 月	其经营餐饮店
20	小洼村村民	LBN	女	50	2022 年 7 月	T 村拆迁小区
21	事业单位工作人员	HBZ	男	41	2022 年 9 月	T 村景区
22	国企人员	QL	男	33	2022 年 9 月	线上访谈
23	本地学生	ZYZ	男	23	2022 年 10 月	T 村景区
24	外地学生乙	ADS	女	22	2022 年 10 月	T 村景区
25	外地学生甲	WYW	女	24	2022 年 10 月	T 村景区
26	高校研究人员	LRX	女	49	2022 年 10 月	其办公室

参考文献

一、中文图书

[1] 阿斯曼. 回忆空间：文化记忆的形式和变迁 [M]. 潘璐，译. 北京：北京大学出版社，2016.

[2] 阿斯曼. 文化记忆 [M]. 金寿福，黄晓晨，译. 北京：北京大学出版社，2015.

[3] 埃尔，冯亚琳. 文化记忆理论读本 [M]. 余传玲，译. 北京：北京大学出版社，2012.

[4] 埃利亚斯. 文明的进程：文明的社会发生和心理发生的研究 [M]. 王佩莉，袁志英，译. 上海：上海译文出版社，2013.

[5] 伯格森. 物质与记忆 [M]. 姚晶晶，译. 北京：北京时代华文书局，2018.

[6] 德拉埃斯马. 记忆的隐喻——心灵的观念史 [M]. 广州：花城出版社，2009.

[7] 杜威. 记忆的隐喻——心灵的观念史 [M]. 广州：花城出版社，2009.

[8] 厄里. 关于时间与空间的社会学 [M]// 特纳. Blackwell 社会理论指南（第 2 版）. 上海：上海人民出版社，2003.

[9] 方慧容."无事件境"与生活世界中的"真实"——西村农民土地改革时期社会生活的记忆 [M]// 杨念群.空间·记忆·社会转型.上海：上海人民出版社，2001.

[10] 冯雷.理解空间：现代空间观念的批判与重构 [M].北京：中央编译出版社，2008.

[11] 郭于华.倾听底层：我们如何讲述苦难 [M].桂林：广西师范大学出版社，2011.

[12] 哈布瓦赫.论集体记忆 [M].郭金华，毕然，译.上海：上海人民出版社，2002.

[13] 海德格尔.存在与时间 [M].陈嘉映，王庆节，译.北京：生活·读书·新知三联书店，2006.

[14] 景军.神堂记忆：一个中国乡村的历史、权力与道德 [M].吴飞，译.福州：福建教育出版社，2013.

[15] 景天魁，何健，邓万春，等.时空社会学：理论与方法 [M].北京：北京师范大学出版社，2012.

[16] 景天魁，张志敏.时空社会学：拓展与创新 [M].北京：北京师范大学出版社，2016.

[17] 卡斯特.网络社会的崛起 [M].夏铸九，王志弘，译.北京：社会科学文献出版社，2006.

[18] 坎斯特纳.寻找记忆中的意义：对集体记忆研究一种方法论上的批评 [M]// 李宏图.表象的叙述：新社会文化史.上海：上海三联书店，2003.

[19] 康纳顿.社会如何记忆 [M].纳日碧力戈，译.上海：上海人民出版社，2000.

[20] 李红涛，黄顺铭.记忆的纹理：媒介、创伤与南京大屠杀 [M].北京：中国人民大学出版社，2017.

[21] 利科 . 记忆，历史，遗忘 [M]. 李彦岑，陈颖，译 . 上海：华东师范大学出版社，2018.

[22] 梁漱溟 . 乡村建设理论 [M]. 上海：上海人民出版社，2011.

[23] 列斐伏尔 . 空间的生产 [M]. 刘怀玉，译 . 北京：商务印书馆，2021.

[24] 刘少杰 . 国外社会学理论 [M]. 北京：高等教育出版社，2017.

[25] 刘少杰 . 网络社会的结构变迁与演化趋势 [M]. 北京：中国人民大学出版社，2019.

[26] 诺拉 . 记忆之场：法国国民意识的文化社会史 [M]. 黄艳红，译 . 南京：南京大学出版社，2020.

[27] 孙德忠 . 社会记忆论 [M]. 武汉：湖北人民出版社，2006.

[28] 索罗斯比 . 经济学与文化 [M]. 张峥嵘王志标，译 . 北京：中国人民大学出版社，2011.

[29] 韦尔策 . 社会记忆：历史、回忆、传承 [M]. 季斌，王立君，白锡堃，译 . 北京：北京大学出版社，2007.

[30] 约阿斯，克诺伯 . 社会理论二十讲 [M]. 郑作彧，译 . 上海：上海人民出版社，2021.

[31] 泽鲁巴维尔 . 时间地图：集体记忆与过去的社会面貌 [M]. 黄顺铭，译 . 成都：四川大学出版社，2023.

[32] 张俊华 . 社会记忆和全球交流 [M]. 北京：中国社会科学出版社，2010.

[33] 赵静蓉 . 怀旧：永恒的文化乡愁 [M]. 北京：商务印书馆，2009.

[34] 赵静蓉 . 文化记忆与身份认同 [M]. 北京：生活·读书·新知三联书店，2015.

二、英文图书

[1] BURKE P. History as Social Memory [M]// Memory: History, Culture and the Mind [M]. New York: Blackwell, 1989.

[2] CHARLES T. Modern Social Imaginaries [M]. Durham: Duke University Press, 2004.

[3] DOMINGUES J M. Critical Theory and Political Modernity [M]. Cham: Palgrave Macmillan, 2019.

[4] ERLL A, NÜNNING A. Cultural Memory Studies: An International and Interdisciplinary Handbook [M]. Berlin & New York: Walter De Gruyter, 2008.

[5] HUYSSEN A. Twilight Memories: Marking Time in a Culture of Amnesia [M]. NewYork: Routledge, 1994.

[6] LEVY D, SZNAIDER N. The Holocaust and Memory in the Global Age [M]. Philadelphia: Temple University Press, 2005.

[7] MARGALI A. The Ethics of Memory [M]. Cambrige: Harvard University Press, 2002.

[8] MARIANNE H. The Generation of Postmemory: Writing and Visual Culture After the Holocaust [M]. Columbia: Columbia University Press, 2012.

[9] MAURICE H. On Collective Memory[M]. Chicago and London: The University of Chicago Press, 1992.

[10] OLICK J K. The Politics of Regret: On Collective Memory and Historical Responsibility [M]. New York: Routledge, 2007.

[11] ROTHBERG M. Multidirectional Memory: Remembering the Holocaust in the Age of Decolonization [M]. Stanford, CA: Stanford University Press, 2009.

三、中文论文

[1] 阿莱达阿斯曼，教佳怡.历史与记忆之间的转换 [J].学术交流，2017（01）：16-25.

[2] 埃尔.旅行的记忆 [J].广州大学学报（社会科学版），2021，20（02）：26-35.

[3] 艾娟，汪新建.集体记忆：研究群体认同的新路径 [J].新疆社会科学，2011（02）：121-126，148.

[4] 奥利克，罗宾斯，周云水.社会记忆研究：从"集体记忆"到记忆实践的历史社会学 [J].思想战线，2011，37（03）：9-16.

[5] 曾博.基于组织形态发展的工商资本下乡合作模式研究——兼论农户主体权益保障 [J].学习与探索，2018（03）：133-137.

[6] 陈春声，陈树良.乡村故事与社区历史的建构——以东凤村陈氏为例兼论传统乡村社会的"历史记忆"[J].历史研究，2003（05）：115-126.

[7] 陈靖.新型农业经营主体如何"嵌入"乡土社会——关联营造的视角 [J].西北农林科技大学学报（社会科学版），2018，18（05）：18-24.

[8] 陈丽.村庄集体记忆的重建——以安徽宅坦村为例 [J].安徽行政学院学报，2012，3（03）：68-73.

[9] 陈新民，杨超凡.论乡村集体记忆的纪录影像叙事：主体、空间、媒介 [J].当代电视，2021（05）：71-75.

[10] 陈义媛.资本下乡的社会困境与化解策略——资本对村庄社会资源的动员 [J].中国农村经济，2019（08）：128-144.

[11] 楚艳娜.乡村记忆理论和实践研究述评 [J].浙江档案，2016（11）：17-20.

[12] 丁华东. 讲好乡村故事——论乡村档案记忆资源开发的定位与方向 [J]. 档案学通讯，2016（05）：53-58.

[13] 丁华东. 论社会记忆再生产的基本结构 [J]. 思想战线，2019，45（02）：121-128.

[14] 丁华东. 论现代传媒与社会记忆再生产 [J]. 学术界，2015（09）：93-100.

[15] 丁华东. 在乡村记忆保护传承中不能缺位——论城乡档案记忆工程推进的现实必要性与存在合理性 [J]. 档案学研究，2016（04）：86-90.

[16] 段春晖. 民国时期孙中山社会记忆的生产路径分析 [J]. 理论观察，2007（05）：53-54.

[17] 房静静，牛喜霞. 新中国成立 70 年来乡村社会秩序的变迁及其解释框架 [J]. 天府新论，2022（04）：119-124.

[18] 房静静. 中国传统村落的记忆隐喻及嬗变 [J]. 湖南社会科学，2020（04）：165-172.

[19] 傅才武，程玉梅. 文旅融合在乡村振兴中的作用机制与政策路径：一个宏观框架 [J]. 华中师范大学学报（人文社会科学版），2021，60（06）：69-77.

[20] 傅才武，李俊辰. 旅游场域中传统村落文化空间的生产逻辑与价值回归 [J]. 江汉论坛，2022（10）：131-137.

[21] 谷佳媚，程含笑. 社会记忆的再生产向度：历史虚无主义的消解 [J]. 思想教育研究，2021（10）：99-105.

[22] 郭景萍. 社会记忆：一种社会再生产的情感力量 [J]. 学习与实践，2006（10）：109-112.

[23] 郭于华. 心灵的集体化：陕北骥村农业合作化的女性记忆 [J]. 中国社会

科学，2003（04）：79-92.

[24] 郭占锋，李轶星，张森，等 . 村庄市场共同体的形成与农村社区治理转型——基于陕西袁家村的考察 [J]. 中国农村观察，2021（01）：68-84.

[25] 何雪松，张道林 . 制度—利益—民情：应对资本下乡不确定性的情理结构 [J]. 社会发展研究，2023，10（04）：24-41，238-239.

[26] 贺雪峰，仝志辉 . 论村庄社会关联——兼论村庄秩序的社会基础 [J]. 中国社会科学，2002（03）：124-134，207.

[27] 贺雪峰 . 村庄精英与社区记忆：理解村庄性质的二维框架 [J]. 社会科学辑刊，2000（04）：34-40.

[28] 洪泽文，徐拥军 . 乡村记忆工程建设的问题与对策——以浙江省慈溪市乡村记忆工程为例 [J]. 浙江档案，2017（11）：13-17.

[29] 胡静，谢鸿璟 . 旅游驱动下乡村文化空间演变研究——基于空间生产理论 [J]. 湖北民族大学学报（哲学社会科学版），2022，40（02）：99-109.

[30] 黄泰，保继刚，GEOFFREY W. 基于文化空间解读的城市水上旅游组织策划模式研究——苏州环城河水上旅游案例分析 [J]. 规划师，2008（08）：37-40.

[31] 黄维，李凡，朱竑 . 从地理学视角看城市历史文化景观集体记忆的研究 [J]. 人文地理，2010，25（04）：60-66.

[32] 加小双，徐拥军 . 国内外记忆实践的发展现状及趋势研究 [J]. 图书情报知识，2019（01）：60-66.

[33] 贾牧笛 . 乡愁记忆的再生产路径探析——基于河南省扶沟县丁岗村的田野调查 [J]. 新闻爱好者，2020（01）：62-66.

[34] 焦长权，周飞舟 . "资本下乡"与村庄的再造 [J]. 中国社会科学，2016

（01）：100-116，205-206.

[35] 库瑞，陈锋仪.旅游民俗文化空间的筛选与旅游价值分析——以陕西为例 [J].人文地理，2009，24（05）：122-125.

[36] 李红涛，杨蕊馨.把个人带回来：数字媒介、社会实践与记忆研究的想象力 [J].新闻与写作，2022（02）：5-15.

[37] 李玉臻.非物质文化遗产视角下的文化空间研究 [J].学术论坛，2008（09）：178-181.

[38] 梁音.社会记忆的文化资本化——以洛带客家社会记忆资源的旅游开发为例 [J].成都大学学报（社会科学版），2008（04）：91-94.

[39] 梁银湘.新传媒与建政记忆再生产研究——公民媒介学视野下的考察 [J].新闻战线，2015（13）：116-117.

[40] 廖英.论报纸的社会记忆再生产 [J].新闻研究导刊，2016，7（14）：206-207.

[41] 林磊，朱静辉.城市化语境下村庄日常生活与集体记忆的再生产——以武汉市郊区李庄元宵节习俗为个案的分析 [J].民俗研究，2017（05）：140-148.

[42] 林琳，曾永辉.城市化背景下乡村集体记忆空间的演变——以番禺旧水坑村为例 [J].城市问题，2017（07）：95-103.

[43] 刘成玉，熊红军.我国工商资本下乡研究：文献梳理与问题讨论 [J].西部论坛，2015，25（06）：1-9.

[44] 刘少杰，林傲耸.中国乡村建设行动的路径演化与经验总结 [J].社会发展研究，2021，8（02）：13-22.

[45] 刘亚秋."青春无悔"：一个社会记忆的建构过程 [J].社会学研究，2003（02）：65-74.

[46] 刘亚秋.记忆的微光的社会学分析——兼评阿莱达阿斯曼的文化记忆理论 [J].社会发展研究，2017，4（04）：1-27.

[47] 刘亚秋.技术发展与社会伦理：互联网对文化记忆的建构 [J].福建论坛（人文社会科学版），2020（08）：74-82.

[48] 鲁可荣.乡村集体记忆重构与价值传承 [J].民俗研究，2021（03）：62-70.

[49] 路璐，李嫣红.留住乡愁：记忆理论视域下特色村镇保护与发展研究 [J].中国农史，2018，37（01）：122-130.

[50] 罗德胤.传统村落能否成为特色小镇？ [J].旅游学刊，2018，33（05）：4-6.

[51] 吕龙，黄震方，陈晓艳.文化记忆视角下乡村旅游地的文化研究进展及框架构建 [J].人文地理，2018，33（02）：35-42.

[52] 吕龙，黄震方，陈晓艳.乡村文化记忆空间的类型、格局及影响因素——以苏州金庭镇为例 [J].地理研究，2018，37（06）：1142-1158.

[53] 麦夏兰，兰婕，田蕾.记忆、物质性与旅游 [J].西南民族大学学报（人文社会科学版），2014，35（09）：1-7.

[54] 纳日碧力戈.各烟屯蓝靛瑶的信仰仪式、社会记忆和学者反思 [J].思想战线，2000（02）：60-64.

[55] 纳日碧力戈.作为操演的民间口述和作为行动的社会记忆 [J].广西民族学院学报（哲学社会科学版），2003（03）：6-9.

[56] 牛耀红.社区再造：微信群与乡村秩序建构——基于公共传播分析框架 [J].新闻大学，2018（05）：84-93.

[57] 钱力成，张翮翾.社会记忆研究：西方脉络、中国图景与方法实践 [J].社会学研究，2015，30（06）：215-237.

[58] 钱力成. 记忆研究的未来：文化和历史社会学的联结 [J]. 南京社会科学，2020（03）：137-142.

[59] 钱力成. 作为记忆的声誉——美国声誉社会学作品概览及启示 [J]. 中国图书评论，2017（08）：62-66.

[60] 邵鹏. 媒介记忆与个人记忆的建构和博弈 [J]. 当代传播，2012（04）：26-28.

[61] 邵潇涵. 国家记忆再生产：智能传播场域研究的新视角 [J]. 理论导刊，2023（11）：41-48.

[62] 申端锋. 文旅资本下乡中的创业嵌入 [J]. 求索，2024（01）：142-150.

[63] 宋玉，黄剑锋. 国内外乡村记忆地理研究进展与展望 [J]. 世界地理研究，2019，28（06）：166-177.

[64] 孙德忠. 重视开展社会记忆问题研究 [J]. 哲学动态，2003（03）：17-21.

[65] 孙江. 皮埃尔诺拉及其"记忆之场" [J]. 学海，2015（03）：65-72.

[66] 陶东风，吕鹤颖. 论大众文化时代的"假肢记忆" [J]. 现代传播（中国传媒大学学报），2022，44（09）：89-96.

[67] 汪芳，孙瑞敏. 传统村落的集体记忆研究——对纪录片《记住乡愁》进行内容分析为例 [J]. 地理研究，2015，34（12）：2368-2380.

[68] 王海洲. 政治仪式中的权力再生产：政治记忆的双重刻写 [J]. 江海学刊，2012（04）：186-190.

[69] 王汉生，刘亚秋. 社会记忆及其建构一项关于知青集体记忆的研究 [J]. 社会，2006（03）：46-68.

[70] 王云庆，向怡泓. 从社会记忆角度探索传统村落保护开发新思路 [J]. 求实，2017（11）：85-96.

[71] 向岚麟. 地方记忆：活态遗产地整体性认知研究 [J]. 首都师范大学学报

（社会科学版），2024（05）：59-71.

[72] 熊万胜，石梅静.企业"带动"农户的可能与限度 [J].开放时代，2011（04）：85-101.

[73] 许悦，陈卫平.资本下乡的本地嵌入机制与效应——基于 S 生态农业公司的案例研究 [J].学术研究，2022（06）：106-115.

[74] 杨同卫，苏永刚.论城镇化过程中乡村记忆的保护与保存 [J].山东社会科学，2014（01）：68-71.

[75] 杨雪云，丁华东.社会记忆与地方社会秩序——以徽州历史档案为分析对象 [J].档案学通讯，2010（06）：14-17.

[76] 杨雪云，丁华东.乡村社会记忆的功能转向及其思考——以徽州历史档案为分析对象 [J].学术界，2011（12）：71-80.

[77] 英谢，丁华东.社交媒体对社会记忆建构传承的影响与思考 [J].山西档案，2021（1）：14-20.

[78] 于恒，汪和建.集体产权、关系治理与过度嵌入——文旅资本下乡的实践与困境 [J].河北学刊，2022，42（02）：151-158.

[79] 袁同凯，房静静.空间文化与博物馆：古村落历史记忆建构逻辑——以山东雄崖所村为例 [J].河北学刊，2018，38（05）：169-174.

[80] 袁源，张小林，李红波，等.西方国家乡村空间转型研究及其启示 [J].地理科学，2019，39（08）：1219-1227.

[81] 张俊华.社会记忆研究的发展趋势之探讨 [J].北京大学学报（哲学社会科学版），2014，51（05）：130-141.

[82] 张茜，徐卫民.接触地带：乡村博物馆何以承载乡愁？[J].西南民族大学学报（人文社会科学版），2022，43（08）：33-42.

[83] 张燕，丁华东.乡村记忆展演：乡村档案资源开发的新视角 [J].档案学

通讯，2016（03）：4-8.

[84] 赵静蓉. 怀旧文化事件的社会学分析 [J]. 社会学研究，2005（03）：182-195.

[85] 赵静蓉. 文化记忆与符号叙事——从符号学的视角看记忆的真实性 [J]. 暨南学报（哲学社会科学版），2013，35（05）：85-90，163.

[86] 郑杭生，张亚鹏. 社会记忆与乡村的再发现——华北侯村的调查 [J]. 社会学评论，2015，3（01）：16-23.

[87] 郑燕. 文化记忆嵌入乡村振兴的路径与跨界实践 [J]. 山东社会科学，2022（06）：187-192.

[88] 周海燕. 媒介与集体记忆研究：检讨与反思 [J]. 新闻与传播研究，2014，21（09）：39-50，126-127.

[89] 周林兴，崔云萍. 面向数字人文的乡村档案记忆资源开发：价值、机制及路径选择 [J]. 北京档案，2021（10）：10-14.

[90] 朱明龙，孙军. 乡村档案记忆再生产的维度及实现路径 [J]. 档案与建设，2023（10）：41-44.

[91] 庄曦，何修豪. 徽州祭簿的媒介叙事与乡民记忆建构研究 [J]. 现代传播（中国传媒大学学报），2020，42（03）：24-28.